饭店服务礼仪

主　编　彭武生　白红霞　李红霞
副主编　黄素茜　王堂祥　余丽娟
参　编　李　露　彭爱利　董秋云
　　　　杨雅雯

北京理工大学出版社
BEIJING INSTITUTE OF TECHNOLOGY PRESS

内容简介

随着我国旅游业的迅速发展，国家对旅游从业人员的知识和技能水平及相关的职业教育和职业培训提出了更高的要求。本书以旅游服务礼仪知识为基础，重点突出旅游服务礼仪的实际操作技能的培养。

全书分为饭店服务人员形象礼仪、饭店的接待服务礼仪、餐饮服务礼仪、客房服务礼仪四个项目。本书从专业的角度阐述了旅游服务礼仪的基本理论、基础知识及应用技能，注重实用性，便于启发式教学和自学，可操作性强。

本书可供中职学校学生使用，也可供社会培训机构、企事业单位的有关人士参考使用。

版权专有 侵权必究

图书在版编目（CIP）数据

饭店服务礼仪 / 彭武生，白红霞，李红霞主编 . -- 北京：北京理工大学出版社，2021.11
ISBN 978-7-5763-0001-7

Ⅰ. ①饭… Ⅱ. ①彭… ②白… ③李… Ⅲ. ①饭店 - 商业服务 - 礼仪 Ⅳ. ①F719.2

中国版本图书馆 CIP 数据核字（2021）第 262237 号

出版发行 / 北京理工大学出版社有限责任公司	
社　　址 / 北京市海淀区中关村南大街 5 号	
邮　　编 / 100081	
电　　话 /（010）68914775（总编室）	
（010）82562903（教材售后服务热线）	
（010）68944723（其他图书服务热线）	
网　　址 / http://www.bitpress.com.cn	
经　　销 / 全国各地新华书店	
印　　刷 / 定州市新华印刷有限公司	
开　　本 / 889 毫米 × 1194 毫米　1/16	
印　　张 / 8	责任编辑 / 申玉琴
字　　数 / 159 千字	文案编辑 / 申玉琴
版　　次 / 2021 年 11 月第 1 版　2021 年 11 月第 1 次印刷	责任校对 / 周瑞红
定　　价 / 30.00 元	责任印制 / 边心超

图书出现印装质量问题，请拨打售后服务热线，本社负责调换

　　"饭店服务礼仪"课程内容全面丰富，涉及面广，可为学生专业课程的学习奠定基础。对于饭店服务人员来说，重要的是要具备良好的服务意识，而服务意识又体现在日常服务之中。很多学生在学习的过程中重技能、轻素质，而饭店服务恰恰是一个技能与素质同等重要的领域。因此，在正式学习行业技能之前，学生首先要树立良好的服务意识，养成良好的行业礼仪，这是成为合格的行业人才的重要前提。

　　本书以先进的研发理念为指导，以就业为导向，以能力为本位，以饭店岗位需要和饭店从业人员职业标准为依据，旨在满足饭店专业学生职业生涯发展的需求。具体来讲有以下特色。

　　（1）任务引领。以工作任务引领知识、技能和态度，让学生在完成工作任务的过程中学习相关知识，发展学生的综合职业能力。

　　（2）结果驱动。把焦点放在通过完成工作任务所获得的成果上，以激发学生的成就动机，通过完成工作任务来提升工作智慧。

　　（3）内容实用。围绕工作任务选择课程内容，不过分强调知识的系统性，而注重内容的实用性和针对性。

　　（4）做学一体。打破长期以来教学的理论与实践二元分离的局面，以工作任务为中心，实现理论与实践的一体化教学。

　　因此，本书在介绍饭店员工必须具备的一般社交礼仪的同时，分岗位讲述行业礼仪，从知识目标和能力目标出发，配置案例分析、课后思考与练习等，全方位引导学生掌握相关理论,为日后的工作做好准备。通过本书学习,学生应能够在服务的过程中运用正确的行业或岗位礼仪为顾客提供恰到好处的服务,解决在服务过程中遇到的常见问题和突发事件;养成良好的服务意识和职业习惯,具备良好的职业道德,在工作中严格要求自己。

编者在编写本书的过程中参阅了大量教材和相关资料,吸取了许多有益的内容,在此向有关作者表示诚挚的谢意。

由于编者水平有限,书中难免有不当之处,恳请使用本书的广大师生和读者予以批评指正,以臻完善。

目录
CONTENTS

项目一　饭店服务人员形象礼仪

任务一　饭店服务人员仪容礼仪 ………………………………………………………… 4
任务二　饭店服务人员仪表礼仪 ………………………………………………………… 12
任务三　饭店服务人员仪态礼仪 ………………………………………………………… 17
任务四　饭店服务人员语言礼仪 ………………………………………………………… 28
思考与练习 ……………………………………………………………………………… 33
学习总结 ………………………………………………………………………………… 34

项目二　饭店的接待服务礼仪

任务一　饭店前厅部接待服务礼仪 ……………………………………………………… 37
任务二　饭店客房部接待服务礼仪 ……………………………………………………… 51
任务三　饭店餐饮部接待服务礼仪 ……………………………………………………… 56
任务四　饭店保安部接待服务礼仪 ……………………………………………………… 72
思考与训练 ……………………………………………………………………………… 76
学习总结 ………………………………………………………………………………… 78

项目三　餐饮服务礼仪

任务一　餐饮服务礼仪概述 ……………………………………………………………… 81
任务二　餐饮服务流程中的礼仪 ………………………………………………………… 88

任务三　餐饮接待服务礼仪……………………………………………………… 94
思考与练习……………………………………………………………………… 104
学习总结………………………………………………………………………… 106

项目四　客房服务礼仪

任务一　客房服务流程中的礼仪……………………………………………… 109
任务二　客房接待服务礼仪…………………………………………………… 114
思考与练习……………………………………………………………………… 121
学习总结………………………………………………………………………… 122

项目一　饭店服务人员形象礼仪

项目导入

"人无礼则不立，事无礼则不成。"饭店服务人员必须展现出良好的仪容仪表，使自己的举手投足更好地满足客人的心理要求，以优化服务质量，提升企业整体形象。因此，注重仪容仪表美是饭店服务人员的必备素质。为了向客人提供优质服务，使客人满意，饭店服务人员除了应具备良好的职业道德、广博的业务知识和娴熟的专业技能，还要讲究形象美，注意仪容仪表。

知识目标

1. 了解仪容仪表的重要性。
2. 理解仪容的重点、关键及中心内容等知识。
3. 掌握与饭店服务人员仪容仪表有关的知识。
4. 了解饭店服务人员仪态以及语言礼仪知识。

能力目标

1. 能根据饭店服务人员仪容仪表的规范要求，成功塑造符合岗位要求的个人形象。
2. 通过饭店服务人员形象礼仪知识在服务中应用的实训操练，培养相关专业技能。

思政目标

结合礼仪教学内容，依照行业道德规范或标准，分析饭店服务人员行为的标准与规范程度，强化职业道德素质。

案例导入

某报社记者吴先生为进行一次重要的采访，入住北京某饭店。经过连续几日的辛苦采访，终于圆满完成了任务，吴先生与两位同事打算在饭店的餐厅饱餐一顿，以示庆祝。他们来到餐厅，接待他们的是一位五官清秀的服务员，她的接待服务工作做得很好，可是她面无血色、无精打采。吴先生一看到她就没有了刚才的好心情，仔细留意才发现，原来这位服务员没有化妆，在餐厅昏黄的灯光下显得病态十足。结账时，吴先生又发现收款员很投入地对着玻璃墙面修饰自己的妆容，丝毫没有注意到客人的需要。至此，吴先生对这家饭店的服务十分不满。

案例分析：

服务人员不注重自己的仪容、仪表或过于注重自己的仪容、仪表都会影响服务质量。一个人在社会中需要扮演各种不同的角色，当他以某种角色出现时，其仪容、仪表、仪态就要符合社会对这个角色所规定的要求。

问题探究

走进饭店，服务人员端庄的相貌、修饰得体的妆容、恰到好处的发型、清新怡人的气息、发自内心的微笑，犹如一股春风扑面而来，他们以饱满的热情迎接着来自四面八方的朋友们。那么，饭店服务人员如何来塑造自己得体的形象呢？

任务一　饭店服务人员仪容礼仪

> 一个女人只有通过一种方式才能是美丽的，但是她可以通过十万种方式使自己变得可爱。
>
> ——孟德斯鸠

一、了解仪容

仪容是指一个人的容貌和形体。仪容礼仪是指饭店服务人员运用一定的美容常识，发挥自己的容貌优势，通过化妆等有效途径来弥补自身的缺陷和不足，使自己端庄、大方、自然，给客人留下良好的第一印象。

饭店服务人员在上岗前已经过严格的挑选和面试，所以大多形象、气质俱佳。在接待工作中，女性服务人员应尽量展示出稳重、贤淑、典雅、端庄，而又不失敏捷的个性风采，并充分体现出东方女性的温柔、含蓄之美；而男性服务人员则应表现出一种整体的美感，给人一种朝气蓬勃、积极向上、成熟稳重的感觉，充分展现出男性的阳刚之美。

二、仪容的中心——头发

完美的形象是从头开始的。头发不仅仅表现出人的性别，更多的是反映一个人的道德修养、审美水平、知识层次，以及对工作、生活的态度。饭店服务人员的发型修饰，不但应恪守一般人的普遍要求，还应符合饭店行业的特殊要求与饭店企业的具体规定，不能随心所欲。

（一）确保头发整洁

要确保头发整洁，饭店服务人员须做到以下几点。

1. 定期清洗头发

为了彻底清洗头发，饭店服务人员要根据自己头发的发质、长短，选择适合自己的洗发水和护发素。洗发时，避免用过热或过冷的水。水温过高会烫伤头皮，水温过低又不能彻底洗去头皮屑。洗头时不应用力抓挠头皮，而应轻轻揉搓。洗完头发后，使用少许护发素可使头发黑亮，有光泽。条件允许的话，应隔天洗一次头，最长也不应超过3天。最好是能让头发自然风干。若使用吹风机吹干，则尽量用小风，不要为了赶时间而把风开到最大挡，这样会对发质造成极大的损伤。

> **小贴士**
>
> 洗发时，宜选择矿物质含量较低的软水，水温不宜过高，应控制在合适的温度。洗发时不要用指甲抓挠，以免伤害头皮。
>
> 不要将洗发水直接倒在头皮上，否则某些部位会因为洗发水浓度过高而不易洗净，还会对头皮造成伤害。
>
> 吹风机应尽量远离头部，并且要小幅度晃动，避免固定朝同一个地方吹。夏季、经常户外运动者和油性发质者应天天洗发；中性或干性发质者每周应洗发3~5次。

2. 定期修剪头发

对于男性服务人员来说，定期修剪头发尤为重要。头发应半个月修剪一次，最长也不应超过一个月。头发过长不仅会让客人产生厌恶感，也不符合饭店行业的规定。

一般来说，从事饭店服务工作的女性是不允许留长发的。为客人服务时，长发飘飘不但不会给客人带来愉悦的感觉，反倒会令客人觉得不舒服。女性服务人员的头发造型应显得干净利落，给人以整洁和有效率的印象。

3. 经常梳理头发

梳头不但能保持头发的整洁，还能按摩头皮，达到美发的目的。饭店服务人员应随身携带一把梳理头发用的小梳子。出门上班前、换装上岗前、下班回家前、摘下帽子后及其他必要的时候，都应梳理一下自己的头发。但梳头不是随时随地都可以进行的，应注意以下几点：不可当众梳头，尤其是不能当着客人的面；不可乱扔断发；梳完头后应检查下自己的身上和制服上有没有头发和头皮屑，切不可带着满身的头皮屑去见客人。

（二）选择合适的发型

发型是指头发在经过一定的修剪、修饰之后表现出来的整体形状。饭店服务人员为了给人一种自然清新、利落大方的感觉，应该选择风格庄重的发型，不能为了彰显个性、标新立异而选择极端时髦、前卫的发型。对从事饭店接待工作的男性和女性的发型要求也是不一样的。

1. 男性发型的选择

从事饭店接待工作的男性，一般应以短发为主，切忌留长发。发型两侧不宜超过两耳，更不能遮住耳朵；后面的头发不能长及衣领，更不能留大鬓角，如图1-1所示。

2. 女性发型的选择

女士的头发也不宜留得太长，一般披肩即可。前额的刘海不能太低，否则会挡住视线，妨碍工作。如果头发过长，也不宜扎得过高，这样既不好戴帽子，也显得不庄重。头发扎起来后，最好用发网拢在一起，防止工作时头发乱蓬蓬的。前面扎不住的头发一定要拢在耳后露出两只耳朵，如图1-2所示。

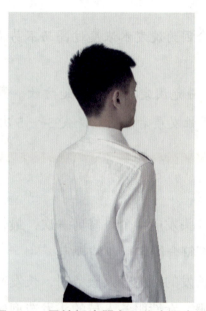

图1-1　男性饭店服务工作人员发型

图1-2　女性饭店服务工作人员发型

（三）注重头发的美化

对于中国人而言，一头乌黑的头发与黄皮肤、黑眼睛一样，是值得为之骄傲的民族特征，它不仅仅是身体健康的表现，更体现着个人良好的精神风貌。作为窗口行业从业人员的饭店服务人员，一般是不允许烫发、染发、戴假发（有生理缺陷的除外）的，也不允许佩戴色彩艳丽、造型奇特的发饰。上班期间，只允许佩戴工作帽。饭店服务人员切忌为了显示自己的个性与青春，戴着时装帽去见客人。

三、仪容的重点——面部化妆

男性服务人员作为展示企业形象的窗口，要注意以下几点。

化妆礼仪

第一，洁面。男性皮肤油性较大，分泌物较多，清洁面部对男性来讲尤为重要。男士应每天早晚两次使用温和的香皂或洁面乳清洁面部。

第二，修面。男性服务人员不能蓄须，必须每天剃胡须，修整面容。

第三，涂面霜。从事接待工作的男性服务人员应选用男性面霜，认真涂抹。

第四，改变面色。有些人脸色苍白、灰暗，可在面霜中加入少许的口红涂抹面部，会令人感到健康自然。

第五，涂唇膏。男性服务人员要注意经常使用本色或无色的唇膏，保持唇部油润，以显得朝气蓬勃、精神饱满。

对于女性服务人员来说，面部化妆就更为重要了。女性服务人员化妆的目的在于使自己的精神面貌焕然一新，适度的化妆也是尊重客人的一种表现。女性服务人员在上岗之前，应根据自己的岗位特点以及服务礼仪的要求化妆，但切忌浓妆艳抹。那么，怎样的妆容更符合岗位要求呢？

（一）化妆前的准备

1. 护肤

皮肤好比是人体的"窗口"，它可以反映出人的健康、年龄和情绪等状况。健美的皮肤应该是湿润的、有弹性的、光亮细腻的。人的皮肤可分为中性、油性、干性三种类型。每个饭店服务人员都必须了解自己的皮肤性质，以便选用不同的化妆品，并采用不同的护肤方法。

在日常生活中，皮肤护理至关重要。要保护好自己的皮肤，就必须遵循良好的生活方式，诸如保持乐观的生活态度、积极锻炼、充足的睡眠、自我按摩、控制烟酒等，都是日常生活中护肤美容的有效方法。

2. 了解自己的脸形

中国人标准的脸形是椭圆形脸或瓜子形脸。这两种脸形的面部比例是"三庭五眼"，"三庭"是面部纵向的比例，即从面部最上端的发际线到眉毛、从眉毛到鼻尖、从鼻尖到下颌各占三分之一。"五眼"是脸部宽的比例，脸部最宽的地方在眼部。

圆形脸、方形脸、三角形脸等均可以通过化妆使脸形往标准脸形上靠近，这样看起来会更美。

（二）化淡妆的步骤

化淡妆的具体步骤如下。

1. 洁面

化妆的第一步就是洗脸。选择适合自己皮肤特质的洗面奶，将脸彻底清洗干净，为后面的操作做好准备。

2. 擦面霜

将护肤霜均匀涂抹在面部的各个部位。

3. 打粉底

粉底的颜色一定要接近肤色。粉底要搽得少而均匀，可用手指轻轻拍匀，也可用海绵块搽匀。额头、鼻梁、下巴处可涂得稍厚一些，颈部也要搽匀。气色好时或天气热时可以不打粉底。

4. 画眼线

眼线一定要紧贴着睫毛画。上眼线从内眼角画到外眼角，下眼线一般只从外眼角画至距内眼角还有三分之一处。外眼角处的眼线稍粗，渐渐细到没有。上下眼线在外眼角处不连接，上眼线稍长出眼角，以显得眼睛明亮有神，如图1-3所示。

图1-3　画眼线

5. 涂眼影

化淡妆时，只需用小刷子沾一点浅咖啡色眼影刷在外眼角上方，再向外周展匀即可，如图1-4所示。

图1-4　涂眼影

6. 描眉

女性服务人员最好在休息时就把自己的眉形修好，以方便描眉。化淡妆时不需要过多地改变自己原本的眉形，只需顺着眉毛生长的方向一根根地画，不要一笔到底，如图1-5所示。画完后，用小眉刷轻轻刷两下，以去掉明显的笔痕。

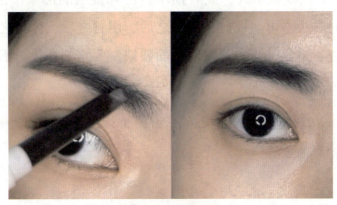

图1-5 描眉

7. 扑粉

扑粉是为了不脱妆。用粉扑沾一点粉，先按在额头、鼻子、下颚等容易出油的部位，再扑其他部位，然后用粉刷刷去多余的粉。

8. 涂唇膏

画上嘴唇线时，先用唇线笔由上嘴唇中央往上以弧线画出唇峰，再向嘴角延伸；画下嘴唇线时，应由左右两侧向中间描画；然后张开嘴画嘴角轮廓，使上下嘴唇连接自然、清晰。整个过程要一气呵成，左右两边的唇线须对称。最后用唇膏均匀地涂满整个嘴唇，注意不能越出唇线。涂完后，用纸巾吸去多余的唇膏。唇膏的颜色应尽量接近唇色，这样看上去会比较自然，如图1-6所示。

图1-6 涂唇膏

如果时间仓促，可以采用更简单的方法：涂底油、描眼线、涂唇膏。

这样的淡妆化出来以后，不仅让人觉得漂亮、有精神，还会给人很职业的感觉。

（三）补妆

化好妆后，很容易出现妆容残缺的现象，尤其是在炎热的夏天，流汗之后用手一擦就会出现难看的"大花脸"。以残妆示人，既有损于自己和饭店的形象，也显得对客人不尊重。因此，及时检查、适时补妆不可忽视。在出汗之后、用餐之后、休息之后、上岗之前，女性服务人员都要及时检查、自觉补妆。若发现妆面残缺，要立刻补妆，不得拖延，以免给客人留下不好的印象。

> 【特别提示】补妆时要回避客人，选择无人在场的角落或在洗手间进行，千万不要旁若无人地当着客人的面补妆。

（四）卸妆

对于饭店服务人员来说，保养皮肤还应注意一个很重要也很关键的步骤，那就是卸妆。卸妆和化妆一样重要，带着一张没有任何负担的脸休息，不但能保护皮肤，还能提高睡眠质量，切不可带妆过夜。

四、仪容的关键——良好的个人卫生

人们主要通过视觉、嗅觉和触觉来判断一个人的卫生情况：通过视觉判断头发是否油腻、有无头皮屑，胡须是否刮干净，是否剪了鼻毛，指甲是否过长、里面是否有污垢；通过嗅觉判断是否有口臭、体臭、汗味、脚臭；通过触觉判断手上是否有汗。对于饭店服务人员来说，良好仪容的一个重要方面就是保持良好的个人卫生。

（一）勤洗澡、勤换内衣

饭店服务人员最好能隔天洗一次澡，夏季则应每天一次，并且勤换内衣以去除身体的异味。在夏季，汗液分泌较多，容易产生异味，可以根据实际需要使用香水，但一定要注意选择香味适宜的香水和正确使用香水。

（二）保持口腔清洁

牙齿是口腔的门面。如果饭店服务人员一张嘴就露出满嘴黄牙，或者还有菜渣残留在牙缝里，一定会招致客人的厌恶。饭店服务人员保持牙齿清洁是每天必做的功课。

保持牙齿清洁，最重要的一点就是要勤刷牙，做到"三个三"，即三餐饭后要刷牙、每次刷牙时间应在饭后三分钟内、每次刷牙时间应不少于三分钟。正确的刷牙姿势是将牙刷毛束尖端放在牙和牙冠的交界处，稍微加压按摩牙龈，同时顺着牙缝上下颤动地竖着刷，而不是用牙刷在牙齿和腮颊之间来回地拉锯或横刷。

> **小贴士**
>
> ### 护齿要点
>
> （1）培养良好的生活习惯，不吸烟，少喝浓茶，注意经常彻底清洁牙齿。
> （2）保持口气清新，注意清除残留在齿缝里的食屑，少吃带有刺激性气味的食物。
> （3）刷牙要在吃过饭后的3分钟内进行，避免细菌在牙齿表面沉积，防止龋齿；其他时间用清水、盐水或漱口水清理口腔。
> （4）定期请医生检查牙齿。
> （5）牙膏要经常更换，免得因口腔中的菌群失去平衡而引发牙病。

（三）注意手的洁净

饭店服务人员要随时清洁双手，指甲要及时修剪和洗刷，以保持指甲的清洁。不得留长指甲，也不得涂颜色鲜艳或怪异的指甲油，但可以选用一些与唇膏颜色一致或相近的指甲油。

在工作岗位上，饭店服务人员不可乱用双手揉眼睛、掏耳朵、抠鼻孔、剔牙齿、搔头皮，更不允许四处乱摸、捡地上的物品，这些都是极不卫生的。

任务二 饭店服务人员仪表礼仪

> 衣食以厚民生，礼义以养其心。
>
> ——许衡

古人对"仪表"一词的理解不仅涵盖仪容仪态，还包括与之相对应的某些内在素质。今天所说的"仪表"则更多是指一个人的装扮，包括服饰的搭配和饰品的佩戴等。

服装是一种"语言"，它不仅仅能表达出一个人的社会地位、文化品位及生活态度，更重要的是能够反映一个国家或一个民族的经济水平、文化素养、精神文明与物质文明的发展水平。对于身处窗口行业的饭店服务人员来说，仪表礼仪更是马虎不得。

一、制服的穿着礼仪

制服是标志从事何种职业的服装，所以也称为岗位识别服。饭店服务人员穿着醒目的制服不仅是对客人的尊重，便于客人辨认，而且使穿着者有一种职业的自豪感、责任感，是敬业、乐业在服饰上的具体表现。

（一）穿着制服的注意事项

饭店服务人员穿着制服时应注意以下几个问题。

（1）制服必须合身，注意四长（袖至手腕、衣至虎口、裤至脚面、裙至膝盖）、四围（领围以插入一指大小为宜，上衣的胸围、腰围及裤裙的臀围以穿一套羊毛裤的松紧为宜）。

（2）袖口和领口的扣子一定要扣好，尤其是穿不打领带的制服时，领口的扣子一定不能松开；里面的衬衣下摆应扎好，不能露在外面；不可挽袖卷裤。

（3）制服应每3～4天清洗一次，以保持清洁。清洗制服时，要特别注意领子和袖口，硬领衬衣若不经常洗，就会有明显的污迹。制服洗完后，还应该熨烫，使其显得更笔挺。

（4）当制服有开缝或边缘有破损时，一定要及时缝补或更换。

（5）每天上岗前，应仔细地检查自己的制服，保证没有任何问题后才能上岗，如图1-7所示。

| 任务二 饭店服务人员仪表礼仪 | 13

图 1-7 饭店服务人员穿着制服

【特别提示】为了替换洗涤和以防急用，每位饭店服务人员都应多准备一套制服。

小贴士

制服七忌

一忌残破。制服的残破会令客人对酒店产生不信任感。因此，残破的制服应该及时更换。

二忌杂乱。饭店所有员工不论级别，都应穿制服上岗，以达到整齐美观的效果。另外，要按规则穿制服，如西装配皮鞋等。

三忌鲜艳。制服应该颜色统一，并且不能太过鲜艳，一般遵守三色原则，即颜色不能超过三种。

四忌暴露。制服在款式上要有利于工作，时尚、新颖，但不能过于暴露，不能是露脐装、露背装、低胸装、露肩装，要"四不露"，即不露胸、不露肩、不露腰、不露背。

五忌透视。内衣、外衣的色彩要协调，以看不出内衣颜色、款式为宜。

六忌短小。制服最忌讳的是外小里大；薄、起球，商标外翻都会严重影响外观。

七忌紧身。紧身衣不利于敏捷行动。工作时，服务人员要展示的应是爱岗敬业的精神、训练有素的态度，而不是身材。

（二）鞋袜的搭配

俗话说："鞋袜半身衣。"这就是说，光有好看的制服是不够的，还要配上合适的鞋袜，穿着才算完美。

饭店服务人员每天都应该把皮鞋擦得一尘不染，破损的地方应及时修理，如图1-8所示。若穿的是布鞋，更应该注意保持鞋子的干燥、清洁。男性服务人员的鞋跟不能超过3厘米，女性服务人员的鞋跟不能超过4厘米。

袜子的颜色应与鞋子的颜色相协调，深色鞋穿深色袜，浅色鞋穿浅色袜，一般不宜穿花袜子；袜口不能露在裤子或裙子外；袜子还要经常换洗，有汗脚的人更要注意保持鞋袜的干净，以免产生异味。

图1-8　鞋袜的搭配

（三）工号牌的佩戴

无论是哪个部门的饭店服务人员，身着制服的同时都应佩戴标明其姓名职位、部门的工号牌。这样做除了便于客人辨认，还可以促使饭店服务人员更积极、主动地为客人服务，认真约束自己的言行。

饭店服务人员应自觉地把工号牌端正地佩戴在左胸上方。有的工作岗位要求戴手套和帽子，也一定要按照规定佩戴。

二、男士西装的穿着礼仪

西装是举世公认的国际服装，它美观大方、穿着舒适，具有系统、简练、富有气派的风格，已逐渐成为国际上最标准、最通用的礼服，在各种礼仪场合都被广泛穿着。

人们常说："西装七分在做，三分在穿。"西装穿着应注意以下几点。

（1）西装的穿着应合时、合地、合景。要根据场合的不同选穿合适的西装。正式场合如宴会、婚丧活动、典礼等，必须穿素雅的套装，颜色以深色、单色最为适宜；一般场合、一般性访问可着单装或套装。

（2）西装的上下装颜色、质料、款式须一致，这是穿着西装的基本要求。穿着时一定要合体，太大或太小都不能显示人体流畅的线条美。西装领子应紧贴衬衫并低于衬衫1厘米左右；袖长以到手腕为宜，衬衫的袖长须比西装的袖子长出1.5厘米左右；衣长以手垂下时与虎口平齐为宜；胸围以穿一件厚羊毛衫松紧适宜为好。

（3）正式场合穿西装都应系领带。领带的花色可以根据西装的色彩搭配，领带的长度以到皮带扣处为宜。

（4）衬衫要挺括，整洁无褶皱，尤其是领口。在正式场合，衬衫的下摆必须塞在西裤里，袖口必须扣上，长袖衬衫的衣袖要长于西装上衣的衣袖。不系领带时，衬衫领口不可扣上。领带夹一般夹在衬衫的第4和第5个纽扣之间。

（5）穿西装背心或羊毛衫时，领带必须置于背心或羊毛衫之内。

（6）西装上衣两侧的衣袋只作装饰用，不可放东西。上衣胸部的衣袋只为手帕等准备，不可做他用。上衣内袋可用于存放证件等物品，左胸内袋可装记事本，右胸内袋可放名片等物。背心的四个口袋用于存放珍贵的小物件，左胸口袋可用于插放钢笔。西裤口袋中也不可放入鼓囊之物。

（7）穿西装一定要穿皮鞋，而不能穿布鞋、旅游鞋等，皮鞋要经常上油擦亮。

（8）西装上衣在穿着时可以敞开，但袖口不要卷起。穿单排纽扣的西装时，在正式场合只扣一粒纽扣，坐定后可以解开。

（9）裤腿管应盖在鞋面上，并使其后面略长一些。裤线应熨烫挺直。大衣不应过长，最长到膝盖3厘米为止。

三、女士西装套裙的穿着礼仪

与男士西装略有不同的是，西装套裙的色彩有更多的选择余地，对面料质地也没有太多的限制，这就使西装套裙的色调和款式都较为丰富。因此，西装套裙以其独特的端庄、典雅、美丽、含蓄以及柔和的线条美，越来越受到青睐。穿着西装套裙时应注意以下几点。

（1）一定要成套着装，并配上与之相协调的衬衣或高领羊绒衫。与衬衣搭配时，领口应系上领结、领花或丝巾等。

（2）西服上装以搭配西服裙为宜，切不可用大摆裙来搭配西服上装。

（3）穿套裙时，一定要配以连裤袜或长筒丝袜，而不是在紧身裤外面穿上套裙，这是不合规范的。

（4）套裙最好与皮鞋搭配，中跟或高跟均可。

（5）西装套裙讲究的是配套，因此，穿着套裙时，在衬衣、袜子、鞋子、饰物及皮包方面，一定要注意搭配协调。

四、饰品的佩戴

饰品是指能够起到装饰点缀作用的物品,包括服装配件和首饰,它们有的是实用性与艺术性的结合,有的纯属装饰品。饰品的佩戴是仪表礼仪的重要组成部分。符合礼仪的饰品佩戴,可以起到扬长避短、点缀装束、传递信息、表达意向、塑造形象美等作用。

饭店服务人员在工作时,佩戴的饰品应少而简洁、大方得体,不过分夸张和华贵,一切要以服务对象为中心,摆正与客人之间的关系,不可在客人面前炫耀自己,应佩戴与自己角色及所处环境相适宜的饰品。饭店服务人员可佩戴以下饰品。

(1)发饰。常见的有头花、发带、发箍、发卡等。女性服务人员在工作时,选择发饰宜强调其实用性,而不宜偏重其装饰性。不宜选用头花以及色彩鲜艳、花哨的发带、发箍、发卡等。

(2)耳钉。耳钉小巧而含蓄,在一般情况下,女性服务人员可在工作中佩戴。

(3)项链。在工作中,一般允许女性服务人员佩戴项链,但应选择质地较轻、体积较小、精美细致的金项链或银项链,给人一种轻快明亮并上档次的感觉。佩戴时可以将其藏于衣内,也可以戴在衣外。男性服务人员在工作时通常不宜佩戴项链,即使是因为信仰而佩戴饰品也必须藏于衣内,绝不允许显露在外。

任务三　饭店服务人员仪态礼仪

> 相貌的美高于色泽的美，而秀雅合适的动作的美又高于相貌的美。
>
> ——培根

仪态是指一个人行为的姿态和风度。仪态美即姿势、动作的美，是人体具有造型因素的静态美和动态美。姿态比相貌更能表现人的精神气质，仪态往往比语言更真实，更富有魅力。饭店服务人员应加强体态训练，充分发挥无声语言的作用，用优雅的举止来表示对客人的尊敬、欢迎，从而体现优质服务的真正内涵。

站姿礼仪

一、基本的举止仪态

（一）规范的站姿——站如松

人的仪表美，是由优美的姿态来体现的，而优美的姿态又以正确的站姿为基点。饭店服务人员不论是饭店门童还是客房服务人员，对站立都有过硬的要求。饭店服务人员的站姿应力求典雅优美、庄重大方，体现生活的静态美。站姿的基本要求是站如松，即头、颈、躯干、脚的纵轴在同一垂直线上，挺胸立腰沉肩，两肩放松，双臂自然下垂，双腿直立并拢，像一株千年古松一样端正挺拔。

下面介绍几种饭店服务人员常用的站姿。

（1）通用站姿——侧放式站姿。双手放在腿部两侧，手指稍弯曲呈半握拳状，脚掌分开呈"V"字形，脚跟靠拢，两膝并拢（见图1-9）。

（2）叉手站姿。两手在腹前交叉，右手搭在左手上，直立，双脚分开，两脚间距离最好不要超过20厘米。这是一种常用的服务站姿，端正中略有自由，郑重中略有放松。在站立中身体的重心可以在两脚间自由转换，以减轻疲劳。

图1-9　通用站姿

（3）后背式站姿。双手轻握放在后背腰处，两腿稍分开，两脚间距离比肩略窄一些。这种站姿适用于门童和保卫人员。它优美中略带威严，易产生距离感，却最能体现对客人的尊重。

（4）背垂手站姿。一只手背在后面，贴在臀部，另一手自然下垂，手指自然弯曲，中指对准裤缝，两脚可以分开也可以并拢。

（5）前腹式站姿。双手在腹前交叉，右手搭在左手上，贴于小腹，两脚分开呈"V"字形，脚跟靠拢，两膝并拢。

（6）丁字式站姿。双手在腹前交叉，一脚在前，将脚跟靠于另一脚内侧，两脚尖向外略展开呈60°角，形成斜写的"丁"字，身体重心在两脚上，如图1-10所示。

图1-10 丁字式站姿

（二）端庄的坐姿——坐如钟

所谓"坐如钟"，就是要坐得端端正正，要挺胸收腹、肩平头正，双眼平视前方，四肢摆放规矩，就像一口钟一样稳稳当当。

坐姿礼仪

1. 动作要领

（1）入座轻缓。入座时，动作一定要轻而缓。要先走到座椅前再转身，一脚在前一脚在后，保持上身的直立和身体的重心，慢慢坐下。女性服务人员入座时，要稍微拢一下裙边，一般只坐座椅的前三分之二部分，男性服务人员可以稍微往后坐一些。

（2）离座稳妥。起身离座时，动作一定要轻缓，不能"拖泥带水"，避免弄响座椅，或将椅垫、椅罩碰掉。离开座椅后，先要采用基本的站姿站定之后，方可离去。若是起身便跑，或是离座与走开同时进行，则会显得过于匆忙，有失稳重。

【特别提示】座椅有扶手时，双手轻搭或一搭一放；座椅无扶手时，两手相交或轻握放于腹部，或是左手放在右腿上，右手搭左手背上或两手呈八字形放于腿上。

2. 基本坐姿

饭店服务人员的基本坐姿如下。

男士坐姿一：上身挺直，下颌微收，双目平视，两腿分开，两腿间的距离不超过肩宽，两脚平行，小腿与地面垂直，两手分别放在双膝上。

男士坐姿二：上身挺直，下颌微收，双目平视，两脚分开，一前一后，一腿膝盖靠拢另一腿膝盖，两手分别放在双膝上。

男士常用坐姿如图1-11~图1-14所示。

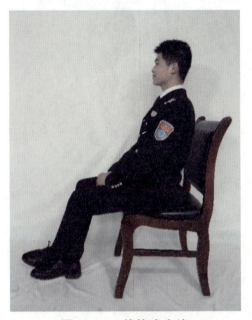

图1-11 前伸式坐姿

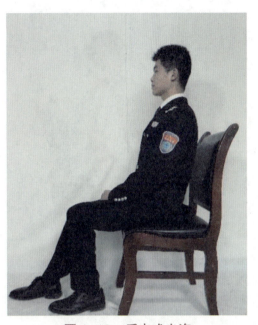

图1-12 后点式坐姿

图1-13 开关式坐姿

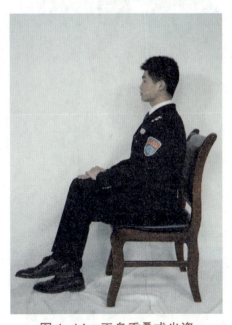

图1-14 正身重叠式坐姿

女士坐姿一：上身挺直，下颌微收，双目平视，两腿并拢，两脚同时向右放或向左放，两手叠放于左腿或右腿上。

女士坐姿二：上身挺直，下颌微收，双目平视，两腿并拢，两脚脚跟靠紧，脚尖略分开，两手叠放于左腿或右腿上。

女士坐姿三：上身挺直，下颌微收，双目平视，两腿膝部交叉，一脚内收，与前腿膝下交叉，两脚一前一后着地，双手稍微交叉置于腿上。

女士常用坐姿如图 1-15~ 图 1-18 所示。

图 1-15　开关式坐姿

图 1-16　侧点式坐姿

图 1-17　左侧挂式坐姿

图 1-18　侧身重叠式坐姿

（三）高雅的走姿——行如风

行如风，是指行走轻盈灵巧、平稳协调，步伐均匀。饭店服务人员在行走时，要求静、求稳、求美，给人以舒展俊美、精力充沛、积极向上的感觉。

行走时，以大关节带动小关节，手臂伸直放松，手指自然弯曲；摆动时，要以肩关节为轴，上臂带动前臂，向前摆动时，手臂要摆直线，肘关节略屈，前臂不要向上甩动，向后摆动时，手臂外开不超过30°。前后摆动的幅度为30～40厘米。上身前倾，提髋屈大腿带动小腿向前迈。脚尖略开，脚跟先接触地面，依靠后腿将身体重心送到前脚脚掌，使身体前移。

此外，饭店服务人员还应注意以下几点。

第一，步位。步位是指两脚下落到地面的位置。男士行走，两脚交替行进在一条直线上，两脚尖稍外展。女士行走，两脚踏在一条直线上，脚尖正对前方，呈"一字步"，以显体态优美。

第二，步速。步速即行走的速度。男士以每分钟108～110步为宜，女士以每分钟118～120步为宜。遇有急事，可适当加快步速，但切不可奔跑。

第三，步幅。步幅也称步度，是指跨步时两脚间的距离，一般为70～80厘米。

【特别提示】高跟鞋虽然能帮助挺胸、收腹提臀、直腰，使身姿更显挺拔，但由于高跟提升了脚跟的高度，女士走起路来自然多了几分辛苦。穿高跟鞋时一定要走"柳叶步"，即小步前行，脚跟落在一条直线上，切不可用屈膝的方法来保持平衡。

小贴士

饭店服务人员的行走禁忌

一忌摇头晃脑，尾随客人。走路时应该一心一意，不能出现摇头晃脑、扭腰、踢腿等动作，应避免与客人发生身体碰撞。不能为了满足自己的好奇心就尾随于客人身后，甚至对其窥视、围观或指指点点。

二忌勾肩搭背，搂搂抱抱。两个或两个以上的服务人员一起行走时，不能排成一排，更不能勾肩搭背、拉手、搂抱等。

三忌粗鲁无礼，我行我素。在通道行走时要靠右行，遇到客人应礼让客人先行，与客人同行时不能抢行，更不能从客人中间硬穿过去。

四忌嬉笑打闹，连吃带喝。行走时不允许嬉笑打闹，也不允许哼唱、吹口哨、打响指、吃零食、吸烟等，因为这些行为不仅会直接影响自身的形象，也会对饭店的形象造成负面影响。

（四）优雅的蹲姿

东西掉在地上怎么办？我们的反应当然是弯腰捡起来。那应该怎样捡呢？可以采用以下几种蹲姿。

（1）高低式蹲姿。高低式蹲姿的基本特征是双膝一高一低。下蹲时，左脚在前，完全着地，小腿基本垂直于地面，右脚稍后，脚掌着地，脚跟提起，右膝低于左膝，靠于左小腿的内侧，形成左膝比右膝高的姿态。臀部向下，基本上以右腿支撑着身体，如图1-19所示。

图1-19　高低式蹲姿

（2）交叉式蹲姿。交叉式蹲姿是所有蹲姿中最优美的姿态，最适用于穿短裙的女性服务人员。下蹲时，左脚在前，完全着地，小腿垂直于地面；右脚在后，右膝由后下方伸向左侧，脚掌着地，脚跟抬起。左腿在上，右腿在下，两腿前后靠近，合力支撑身体。上身略向前倾，臀部朝下，如图1-20所示。

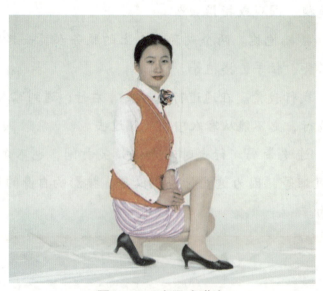

图1-20　交叉式蹲姿

（3）半蹲式蹲姿。半蹲式蹲姿的基本特征是身体半立半蹲。下蹲时，上身稍弯下，但不能与下肢构成直角或锐角，臀部向下；双膝略为弯曲，角度可大可小；身体的重心应放在一条腿上，如图1-21所示。

图1-21 半蹲式蹲姿

这种蹲姿多用于行进之中临时采用，最忌讳的是臀部不是向下，而是高高撅起。

（4）半跪式蹲姿。半跪式蹲姿是一种非正式蹲姿，又叫单跪式蹲姿。下蹲之后，一腿单点地，臀部坐在脚跟之上，而以脚尖着地；另外一条腿全脚掌着地；双膝同时向外，并尽力靠拢。当下蹲时间较长，或是为了用力方便时，可以采用这种蹲姿，如图1-22所示。

图1-22 半跪式蹲姿

二、丰富的体态语言

美国著名心理学家艾伯特·梅拉比安提出了一个著名的公式：传递信息的总效果是由7%的语言、38%的声音和55%的表情构成的。以研究体态语言闻名的伯德·惠斯特尔也得出了类似的结论。他认为，两人交往时有65%的感情表达是用非语言符号传递的。由此可以看出，非语言形式的体态语言在人与人的交往中发挥着重要作用。

体态语言，即通过人体姿态、动作发出的无声信息，包括人们的眼神、微笑、手势等。体态语言具有形象性的特点，它以生动直观的形象告诉别人所要表达的意思，形体动作使人们的交往更富有表达性和渲染性。体态语言还具有约定性的特点，即形体被赋予了他人所能理解的意义，也有约定俗成的意思。因此，饭店服务人员在使用体态语言辅助自己表达信息时，一定要注意正确的使用方法，适时适当地运用才会使表达更充分、更富有感情色彩、更有感染力。

（一）目光

眼睛被人们称为心灵的窗户，这是因为心灵深处的奥秘都会自然而然地从眼神中流露出来。印度诗人泰戈尔说："一旦学会了眼睛的语言，表情的变化将是无穷无尽的。"这说明眼睛语言的表现力是极强的，是其他举止无法比拟的。一双炯炯有神的眼睛，能给人以精力充沛、生机勃发的感觉，而目光呆滞则会给人以疲惫倦怠的印象。

饭店服务人员和客人之间是一种社交关系，他们之间的目光交流也应该停留在社交注视的阶段。社交注视，是指饭店服务人员的目光只停留在客人的双眼与嘴唇之间的三角区域内，不能一直盯着客人的嘴唇或身体的其他部位看，否则很容易造成客人的误会，从而引起麻烦。

饭店服务人员在服务过程中，针对目光交流应注意以下几点。

（1）与客人初次见面时，应行注目礼，头部轻轻一点，就可以表示出尊敬和礼貌了。

（2）与客人交谈时，注意始终保持与客人目光的接触，以显示出对所谈话题的兴趣，千万不可左顾右盼。但注视并非紧盯。注视时，瞳孔的焦距呈散射状态，目光笼罩着对方的面部，同时辅以真诚的面部表情。

随着与客人之间谈话内容的转换，眼神和面部表情也应做出相应的变化，不要让客人觉得服务人员是在敷衍了事。

（3）面对众多的客人讲话时，要先用目光扫视全场，提醒大家注意："我要开始讲话了。"另外，在正确运用自己目光的同时，还要学会"阅读"客人的目光，从对方的目光变化中，分析其内心活动和意向。当客人的目光长时间地中止接触或游移不定时，表示客人对所交谈的内容不感兴趣，应尽快结束谈话。当客人在左顾右盼或不停地看手表时，表示客人可能有急事要提前离开了。交谈时，目光紧盯表示疑虑，偷眼相觑表示窘迫，瞪大眼睛表示惊讶等。

（二）微笑

微笑是一门学问，也是一门艺术。微笑是友善、和蔼、谦恭、融洽、真诚等美好感情的表示。微笑能沟通心灵，给人以温和亲切之感，它可以消除陌生人初次见面时的拘束感，能有效地缩短人与人之间的距离，给对方留下好印象从而形成融洽的交往氛围。纽约一家饭店的人事主任曾说："如果一个女孩子经常有可爱的微笑，即使她是小学文化程度我也乐意聘用；如果一个哲学博士，总是一张扑克牌的面孔，就是免费当服务员，我也不要。"微笑确实不是一个人的事，它关系到企业的形象，关系到饭店事业的兴旺发达。

美国希尔顿饭店创始人、总公司董事长康纳·希尔顿在几十年间不断在世界各地的希尔顿饭店视察，视察中他经常问下级的是："你今天对客人微笑了没有？"他确信，微笑将有助于希尔顿饭店在世界范围内的发展，并要求员工记住一个信条：无论饭店本身遭到什么样的困难，希尔顿饭店服务员脸上的微笑永远是属于顾客的阳光。希尔顿饭店的成功让我们看到：微笑的力量是巨大的。它是一种魅力，它可以使强硬者变得温柔，使困难变得容易。

微笑的基本做法是不发声、不露齿，肌肉放松，嘴角两端向上略微提起。这种礼貌的微笑，就像是春风化雨，润人心田。但微笑一定要发自内心、发自肺腑，并由眼神、眉毛、嘴巴等配合完成。任何故作姿态的微笑，都会让人觉得做作、虚伪、笑不由衷。只有笑得自然大方、亲切，才会让对方感到轻松愉快。必要时，可以对着镜子自己练习，也可以请同伴在自己讲话时注意自己的笑容，帮助矫正，如图1-23所示。

图1-23 微笑训练

> **小贴士**
>
> **笑的分寸**
>
> 笑也要掌握分寸。如果在不该笑的时候发笑，或者在只应微笑的时候大笑，就会使对方感到疑虑，甚至以为是在取笑他，这显然也是失礼的。
>
> 有一个西欧旅游团深夜到达某饭店，由于事先沟通上出了一些问题，客房已告客满，只好委屈他们睡在大厅。全团人员顿时哗然，扬言要查每个房间，看看是否真的无房。这时，西装革履、风度翩翩的客房部经理微笑着出现在他们面前；面对客人连珠炮似的责问，他又微笑着耸耸肩，表示无可奈何，爱莫能助。客人本来就因住不到房间而满肚子气，此时又认为客房部经理的笑是尖刻的讥笑，是对他们的蔑视，这些客人竟愤怒地拍着桌子大声吼道："你再这样笑，我们就揍你。"
>
> 因为不合时宜的微笑，竟闹到这般剑拔弩张的地步，是这位经理始料未及的。幸亏经过翻译人员的再三解释，才避免了事态的进一步扩大。

（三）手势

手势礼仪

手势在人际交往中占有重要的地位。各种各样的手势表达的意思丰富多彩，是举止中最富有表现力的。不同的手势可以表达不同的含义。饭店服务人员在为客人服务时，虽然可能语言不通，但也许一个手势就可以解决问题，这就是手势的奇妙之处。

常用的手势有以下几种。

（1）横摆式。横摆式是最常见的一个手势，用来表示"请""请进""请用餐"等意思。右手五指并拢，手掌自然伸直，手心向上；肘微微弯曲，以肘为轴，右手从腹前方抬起，轻缓地向右摆出，到身体右前方处停住。同时，目视来宾，面带微笑，如图1-24所示。

注意：一般情况下应站在来宾的右侧，并将身体转向来宾。

（2）双臂横摆式。当来宾较多时，为了表示欢迎，服务人员通常采用双臂横摆式。两手从腹前抬起，双手上下重叠，手心朝上，同时向身体一侧摆动，摆至身体的侧前方即停住；上身稍前倾，微笑着轻轻点头，然后退到一侧。如果是站在来宾的侧面，可采用双臂向下侧横摆式手势。两手从腹前抬起，手心向上，同时向一侧摆动，两手臂之间保持一定的距离。

（3）斜摆式。这个手势主要用来请客人就座。先用

图1-24 横摆式

双手扶椅背将椅子拉出，然后一只手屈臂从身体的一侧抬起，到高于腰部后，再以肘关节为轴向下摆去，使大小臂成一斜线，指向座位的地方，如图1-25所示。

（4）直臂式。直臂式手势常用来给客人指引方向。五指并拢，手掌伸直，屈肘从身前抬起，向应到的方向摆去，摆到肩的高度时停止。这个手势应保持肘关节的平直，同时身体要侧向客人，眼睛要兼顾所指方向和客人，如图1-26所示。

图1-25　斜摆式

图1-26　直臂式

总而言之，在做出手势时，要讲究柔美、流畅，做到欲上先下，欲左先右。避免僵硬死板、毫无韵味。同时，要配合眼神、表情和其他姿态，使手势更显协调大方。

另外，不同国家的手势语言各不相同，需要进行认真的学习，避免出错。

任务四 饭店服务人员语言礼仪

> 良言一语暖三冬，恶语伤人六月雪
>
> ——古训

饭店服务人员不仅要有得体的衣着，还要有优雅的身姿。挺直的脊背、发自内心的微笑、活泼生动的表情都会给人以愉快的印象。

一、服务语言应用中的礼仪

（一）迎候语言

1. 迎客用语

迎客用语，是当客人进入服务视线时，为使客人有宾至如归的感觉，饭店服务人员主动向客人打招呼时使用的语言。

饭店服务人员使用迎客用语时要把握好以下三个要点。

（1）使用迎客用语离不开"欢迎"一词。最常用的迎客用语有"欢迎您的到来""欢迎光临""本店欢迎您""见到您很高兴"等。

（2）在客人再次光临时，要用欢迎语表示自己仍记得对方，让对方感知被重视、被尊重。具体做法是：在欢迎用语前面加上对方的尊称，或加上其他专用词。例如，"张总，欢迎您的光临""赵女士，您好！我们又见面了""欢迎您再次光临本店"等。

（3）在使用迎客用语时，通常一并使用问候语，必要时施以注视礼、致意礼、微笑礼、鞠躬礼、握手礼等。

2. 问候用语

问候用语，是饭店服务人员与客人相遇时，主动向客人问候时使用的语言。问候语使用得当，能拉近双方的距离，使客人感到舒心、温暖，为服务工作打下良好的感情基础。常用的问候语有"您好""早上好""晚上好"等。

问候语使用要点：

（1）先问候身份高者，再问候身份低者。

（2）当被问候者人数较多时，先问候与本人距离近者，再依次问候其他人。

（3）问候时一定要投入感情，让客人真正感受到自己的诚意，而不是表面上做样子。

（4）问候时，眼神要专注，心态要平和，同时行微笑礼。

（5）如果多次与同位客人相遇，尽量使用不同的问候语。

（二）交流语言

1. 征询语

征询语，确切地说就是征求意见询问语。例如，"先生，您看现在可以上菜了吗？""先生，您的酒可以开了吗？""先生，这个盘可以撤了吗？""小姐，您有什么吩咐吗？""小姐，如果您不介意，我把您的座位调整一下好吗？"

征询语使用注意点：

（1）注意客人的形体语言。例如，当客人东张西望的时候，或从座位上站起来的时候，或招手的时候，都是在用自己的形体语言表示他有想法或者要求。这时，服务人员应该立即走过去说："先生／小姐，请问我能帮助您做点什么吗？""先生／小姐，您有什么吩咐吗？"

（2）用协商的口吻。经常将"这样可不可以？""您还满意吗？"之类的征询语加在句末，显得更加谦恭，服务工作也更容易得到客人的支持。

（3）把征询当做服务的一个程序，先征询意见，得到客人同意后再行动，不要自作主张。

（4）有些征询语需要有封闭式的提问，如询问客人点饮料，一般不直接说"请问需要什么饮料"，而应当这样提问"请问需要什么饮料？我们有鲜榨的西瓜汁和酸奶、橙汁……"这样可避免客人点了特殊饮品而饭店没有配备，造成服务不周的印象。

征询语常常也是服务的一个重要程序，如果省略了它，就会产生服务上的错乱。征询语运用不当，会使客人很不愉快。例如，客人已经点了菜，服务人员不征询客人"先生，现在是否可以上菜了？""先生，你的酒可以开了吗？"，就自作主张将菜端了上来，将酒打开了。如果客人还在等其他重要客人，或者还有一些重要谈话没有结束，这样做就会使客人很不高兴。

2. 应答语

应答语，是指服务人员在为客人提供服务时，用以回应客人的召唤，或是在答复客人询问之时所使用的语言。例如，"是的""好""随时为您效劳""听候您的吩咐""这是我的荣幸""请不必客气""这是我们应该做的""不要紧""没关系""我不会介意的"等。

应答用语使用注意点：

（1）应答客人询问时，要站立回答，全神贯注地倾听，不能心不在焉，表情冷漠。

（2）有众多客人问话时，应从容不迫地作答，不能厚此薄彼，冷落任何一位客人。

（3）答应客人随后答复的事，一定要信守承诺，尽快给客人满意的答复。

（4）对客人过分或无礼的要求，要沉得住气，表现得有修养、有风度。

（5）遇到个别客人提出某些带有挑衅性的、尖锐敏感的、不宜公开回答的或不宜正面回答的问题时，应避实就虚，灵活回答。

3. 指示语

指示语，是指服务人员在为客人提供服务时，对其一些行动给予方向性的建议用语。例如，"先生，请一直往前走！""先生，请随我来！""先生，请您稍坐一会儿，马上就给您上菜。"

使用指示语要求：

（1）避免命令式。例如，客人等不及了走进厨房去催菜，如果采用"先生，请你出去，厨房是不能进去的！"这种命令式的语言，就会让客人感到很尴尬。如果说："先生，您有什么事让我来帮您，您在座位上稍坐，我马上就来好吗？"效果可能会好得多。

（2）语气要有磁性，眼光要柔和。指示语不仅要注意说法，还要注意语气要软，眼光要柔，以给予客人好的感觉，从而消怨息怒。

（3）应该配合手势。有些服务人员在客人询问地址时，仅用简单的语言指示，甚至挥挥手、努努嘴，这是很不礼貌的。正确的做法是运用明确和客气的指示语，并辅以远端手势、近端手势或者下端手势，在可能的情况下，还要主动走在前面给客人引路。

4. 推托语

推托语，是服务人员无法满足客人的要求时委婉地表示拒绝的用语。例句："您好，谢谢您的好意，不过……""承蒙您的好意，但怕这样会违反酒店的规定，希望您理解。"

推托语的使用要求：先肯定，后否定；客气委婉，不简单直接地拒绝。

5. 致谢语

致谢语，是指服务人员在获得客人帮助、得到客人支持、获得客人理解、感到客人善意、婉言谢绝客人或得到客人赞美时，用以表达自己对客人感激之情的用语。例如，"谢谢您的好意""谢谢您的合作""谢谢您的鼓励""谢谢您的夸奖""谢谢您的帮助""谢谢您的提醒"。

使用致谢语要求：第一，客人表扬、帮忙或者提意见的时候，都要使用答谢语；第二，语言要清楚、爽快。

6. 提醒道歉语

提醒道歉语，是服务人员在对客人服务时，因各种原因给客人带来不便，或妨碍、打扰了客人时向客人表达歉意的用语。例如，"对不起，打搅一下！""对不起，让您久等了！""请原谅，这是我的错。"

提醒道歉语使用要求：

（1）把提醒道歉语当作口头禅和必要的服务程序。

（2）态度要诚恳主动。

7. 告别语

告别语，是服务人员与客人短暂告别或长时间告别时所使用的语言。例如，"先生，再见""先生，一路平安（客人要远去时）""希望再次见到您""先生，您走好"。

告别语使用注意点：

（1）声音响亮有余韵。

（2）配合点头或鞠躬礼。

（3）不管客人有没有消费或消费多少，都要在客人离开时使用告别语。

（4）不能乱用，如客人乘飞机离开时，要说"一路平安"，不能说"一路顺风"。

二、无声服务语言礼仪

在许多场合，无声语言显示的意义要比有声语言多得多，也深刻得多。体态语言作为一种交流符号，在人际交流中有十分重要的意义。国外学者曾经设计了一套可以用来记录面部表情和身体动作的、代表体态语言最小单位的符号。这个符号系统细微地描绘了代表人体各个部分的几种基本符号所表达的含义。在不同的情境中或不同的文化背景下，同一种体态语言可能含有不同的意义；即使在同一文化背景下，同一个人的同一体态语言，由于语境不同，也可能有不同的含义。体态语言表现着复杂的感觉和情感，是基本礼仪的重要方面。在提供服务的过程中，饭店服务人员必须重视体态语言的意义，以更准确地相互了解和交流。

表情语，即面部表情语言，就是通过面部器官（包括眼、嘴、舌、鼻、脸等）的动作势态所表示的信息。美国学者巴克经过研究发现，人的脸能够做出大约25万种不同的表情。面部表情反映人的内心情感，可以传情达意，是体态语中最有表现力和最重要的部分。

（一）微笑

现实生活中，笑是千姿百态的，笑的内容也丰富多彩。美国科学家提出人有五种基本笑容：微笑、轻笑、大笑、抿嘴而笑、皮笑肉不笑。善于交际的人在人际交往中的第一个行动就是微笑。友好、真诚的微笑会传递许多信息。微笑能够使交流在轻松的氛围中展开，可以消除由于陌生、紧张带来的障碍。同时，微笑也显示出人的自信心，希望能够通过良好的交流达到预定的目标。

为了展示饭店服务人员应有的素养，在饭店服务中都要求微笑服务。在饭店行业，经常把微笑看作"拨动顾客心弦的最美好的语言"。微笑是饭店服务人员内心真诚友善的自然表露，是乐观敬业精神的具体体现。美国希尔顿酒店的董事长康纳·希尔顿常常这样问下属："你今天对客人微笑了吗？"他还要求员工记住"无论酒店本身遇到的困难如何，希尔顿酒店服务员脸上的微笑，永远是属于客人的阳光"。服务人员脸上永恒的微笑，帮助希尔顿酒店度过了20世纪30年代美国空前的经济大萧条时期，在全美酒店倒闭80%的情况下，跨入了黄金时代，发展成为显赫全球的酒店。由此可见微笑的重要性。

饭店服务人员的微笑要做到以下两点：第一，笑要发自内心；第二，笑要适度。

在饭店服务工作中，甜美的微笑必须伴以礼貌的语言，两者相辅相成。如果脸上挂着微笑，却出口伤人，微笑就失去了意义；如果语言文明礼貌，却面无表情，客人也会怀疑饭店服务人员的诚意。只有两者结合，饭店的热情诚意才能为客人理解、接受。另外，饭店服务人员在微笑服务时，还要注意不要为情绪左右，不要把生活中的情绪带到工作中；也不要只把微笑留给领导、老顾客等少数人，要一视同仁地对待每个人。

（二）目光

人们在交际中可以通过目光接触传递信息。人与人的沟通，眼神是最清楚、最正确的信号，因为人的瞳孔是不能自主控制的。眼睛是心灵之窗，心灵是眼睛之源。眼睛是人体中无法掩盖情感的焦点。眼球后方有感光灵敏的角膜，它含有1.37亿个细胞。这些感光细胞，可同时处理150万个信息。这说明即使是转瞬即逝的眼神，也能发射出上万个信息，表达丰富的情感。瞳孔的变化是人不能自主控制的，瞳孔的放大和收缩，真实地反映着复杂多变的心理活动。若一个人感到愉悦、喜爱、兴奋，瞳孔就会扩大到平常的四倍；相反，遇到生气、讨厌、消极的心情时，瞳孔会收缩得很小；瞳孔不起变化，表示他对所看到的物体漠不关心或者感到无聊。

饭店服务人员要学会从客人的眼神中读取信息，可以根据客人眼球的转动、视线的转移速度和方向、眼与头部动作的配合等细节中来判断客人最需要的服务。同时，饭店服务人员在与客人的交流中应注意自己目光的注视方向、注视位置和注视时间。注视的方式一般应选用平视，视线水平表现客观和理智。注视的时间长短以关系疏密而定。饭店服务人员在对客人的服务中，注视时间应保持在60%左右。时长低于30%，表示对客人交谈的话题没什么兴趣，有时也是疲倦、乏力的表现。视线接触时，一般连续注视对方的时间不应超过6秒钟，长时间地凝视、直视对方某一部位是非常失礼的行为。同时也忌讳盯视、瞟、瞥、斜视、眯眼、白眼、飘忽不定或上下打量对方等目光。注视的部位应选择双眼与嘴唇之间三角区位。总之，饭店服务人员的目光应传达出友好、亲切、热情。

思考与练习

一、简答题

1. 饭店服务人员的发型要求有哪些？
2. 如何进行微笑训练？
3. 服务人员仪容仪表对于饭店有何重要意义？
4. 简述化妆的正确步骤。
5. 了解了身体正确姿势的要领，是否就能做到站、坐、走姿势的正确呢？

二、判断题

1. "穿衣戴帽，各有所好"，自古就有这种说法。（   ）
2. 年轻人追求个性，服装是体现个性的一面。（   ）
3. 服装潮流有休闲的趋势，职业装也应有所变化。（   ）
4. "工作服"上班穿上，下班挂上，按要求穿就行。（   ）
5. 袜子穿在脚上，上班的时间没人会注意到，拿起一双袜子就穿，袜子有小洞没关系。

（   ）

三、思考题

1. 由于飞机误点，法国某旅游团直到13时才到达上海虹桥机场，午饭也没来得及吃，加上旅途中的其他不顺心，全团人员就像一只快要爆炸的火药桶，大有一触即发之势。接待他们的是饭店一位有经验的翻译人员，他意识到此时做任何解释都无济于事，首要的是行动和友善的微笑。因此，他立即将客人安排回饭店用午餐，要求餐厅尽量把饭菜做得精美可口。热情周到的服务、美味可口的菜点、舒适幽静的环境，终于使这些客人的情绪开始平静了下来，脸色由"阴"转"多云"到"少云"。临别时，客人说尽管有不愉快的插曲，但上海之行总体上还是令人很满意的。

思考： 结合所学知识，谈谈你对微笑服务的认识。

2. 石欣是一个刚从饭店服务专业毕业的中职生，学校推荐她参加一家三星级饭店的面试。初试合格后，饭店通知她一周后去复试。为此，她借了妈妈的首饰，穿上姐姐的时装，做了头发，化了妆，打扮了一番后前去面试。在复试中，她因不习惯这样的装扮而感到不自然，回答提问时表现得也不理想。三天后她接到通知，没有被录取。

思考： 是什么原因导致了她复试失败？

学习总结

本项目介绍了饭店服务人员形象礼仪。

建议学习总结应包含以下主要因素：

1. 你在本项目中学到什么？

2. 你在团队共同学习的过程中，曾扮演过什么角色？对组长分配的任务你完成得怎么样？

3. 对自己的学习结果满意吗？如果不满意，那你还需要从哪几个方面努力？对接下来学习有何打算？

4. 学习过程中经验的记录与交流（组内）。

饭店服务人员形象礼仪

项目二 饭店的接待服务礼仪

项目导入

随着社会的发展,饭店行业面临着日趋激烈的竞争。接待服务礼仪作为"软实力"的一方面,起到了至关重要的作用。接待服务礼仪就是服务人员在工作岗位上,通过言谈、举止、行为等,对客人表示尊重和友好的行为规范和惯例。简单地说,就是服务人员在工作场合适用的礼仪规范和工作艺术。服务礼仪是体现服务的具体过程和手段,是无形的服务进一步有形化、规范化、系统化的过程。

知识目标

1. 了解饭店前厅部接待服务礼仪知识。
2. 掌握饭店客房部接待服务礼仪知识。
3. 掌握饭店餐饮部接待服务礼仪知识。
4. 掌握饭店保安部接待服务礼仪知识。

能力目标

1. 能够按照岗位服务礼仪规范在酒店接待岗位上进行服务。
2. 通过接待服务实训操练,培养相关专业技能。

思政目标

结合饭店接待服务礼仪知识,依照行业道德规范或标准,分析从业人员服务行为的标准与规范程度,强化职业道德素质。

任务一 饭店前厅部接待服务礼仪

> 礼貌之风为每一个人带来文明、温暖和愉快。
>
> ——诺·文·皮尔

案例导入

某周末18时，饭店前台来了三位客人，提出要开特价房，接待员小马很有礼貌地对客人说："对不起，先生，这种房间已售完，您住其他房间可以吗？"话未说完，客人就不高兴了："怎么会没有呢，你们是不是骗我？"

小马耐心地向客人解释说："先生，我们饭店每天只推出10间房作为特价房，今天是周末，要这种房的客人比较多，已住满了，假如您提前打电话预订，我们就可以帮您留出来。不过，我可以按贵宾的优惠条件给您打折，您看怎么样？"客人有些犹豫，他的两位同伴已经不耐烦了："不住这里了，到××宾馆去，那里肯定有。"不过这位客人似乎对小马的一番话有点心动，他对同伴说："就住这里算了，说实在的，我最主要的还是觉得你们饭店客房电话特别安静，没有乱打骚扰电话的。"

案例分析：

前厅部的各个岗位共同形成综合的整体，任何一个环节上出现差错或疏忽，都将直接影响客人的体验，这就要求每个岗位都要出色地完成工作任务，直接或间接地为客人提供优质服务。

问题探究

前厅服务人员是客人最先接触到的饭店服务人员。客人往往在这个部门形成对饭店的第一印象和总体印象。前厅服务人员身负整个饭店的重托，他们是否尽到职责，是否举止大方得体，是否沟通得当，会直接影响客人对饭店的第一印象，进而影响客人在饭店住得是否开心以及客人对饭店的整体评价。因此，对前厅服务人员的礼仪有较高的要求。前厅服务人员在为客人提供服务时一定要做到有"礼"，为饭店赢得一个好彩头。

一、门厅迎送服务礼仪

（一）迎宾礼仪

门厅迎送服务主要由迎送员和行李员负责，他们代表饭店在大门和门厅接待宾客。其接待服务礼仪有以下几个方面。

（1）上岗之前，做好仪表仪容的自我检查，做到服饰挺括、整洁，仪容端庄大方。

（2）上岗之后，面带微笑，站姿端正，精神饱满，全神贯注，随时恭候客人的光临。

（3）车到店门时，负责外车道的门卫迎送员要迅速走向车辆，微笑着为客人打开车门，向客人表示欢迎，如图2-1所示。

（4）凡来饭店的车辆停在正门时，迎送人员必须开启车门，迎接客人下车。开车门时，一般是优先为女宾、外宾、老年人开门，然后才是其他宾客。开车门时，一般应先开启右侧车门，用左手拉开车门呈70°角，用右手挡住车门的上方，提醒客人不要碰头（对信仰伊斯兰教、佛教的人士除外）。对老弱病残客人及女客人应予以帮助，并提醒客人注意门口台阶。

图2-1　为宾客开门

（5）遇到客人带有行李时，迎送人员应立即招呼行李员，并协助其为客人搬运行李，如图2-2所示，同时注意有无遗漏的行李物品，然后携行李引导客人至前台办理登记手续。

图2-2　为宾客搬运行李

（6）迎送人员要牢记常来本店客人的车辆车牌号码和颜色，以便提供快捷、周到的服务。

（7）逢雨天，客人到店时，迎送人员要为客人打伞。

（8）客人进店时，迎送人员要为客人开启大门，并说："您好，欢迎光临。"

（二）进店服务礼仪

引领礼仪

迎送人员陪同客人到前台办理手续时，应侍立在客人身后两三步处等候，以便随时接受客人的吩咐。

引领客人时，迎送人员应走在客人的左前方一二步处，随着客人的步速徐徐前进，遇转弯处，要面带微笑向客人示意。引领过程中，迎送人员应向客人简要介绍饭店服务概况。

迎送人员同客人乘电梯时，应按住电钮，礼让客人先入梯，到达时，同样示意客人先走出电梯。

迎送人员陪同客人到达客房后，应将行李放在行李柜上，并当面向客人交代清楚然后微笑告别："请好好休息，再见！"面对客人，后退一二步自然转身退出房间，将房门轻轻带上。注意不能关门太重，以防造成客人不悦。

（三）离店服务礼仪

行李员到客人的房间去搬运行李时，进房前无论房门是关着还是开着，均要按门铃或轻轻敲门。在问清客人共有多少件行李物品后，应小心搬运并负责安全地运送到指定地点。

客人离店时，负责离店的迎送人员应主动上前向客人打招呼并为客人叫车。待车停稳后替客人打开车门，请客人上车；如客人有行李，应主动帮客人将行李放上车并与客人核实行李件数。待客人坐好后，为客人关上车门，但不可用力过猛。车辆即将开动时，迎送人员应躬身立正站在车的斜前方1米远的位置，上身前倾15°，目视宾客，举手致意，微笑道别，说"再见""一路平安""谢谢您的光临""欢迎您再来""祝您旅途愉快"等道别语。

当团队宾客、大型会议或宴会的与会者集中抵达或离开时，迎送人员要提高工作效率，尽量减少客人的等候时间。重点客人车辆抵达或离店时要先行安排，重点照顾。

当候车人多而无车时，应有礼貌地请客人按先后次序排队乘车。载客的车多而候车人少时，应按汽车到达的先后顺序安排宾客乘车。

二、总服务台服务礼仪

总服务台，即前台，是饭店的门面。它位于饭店的门厅处，如图2-3所示，负责迎送客人以及联络和协调饭店各部门对客人的服务，是为客人提供综合服务的部门。总服务台的工作接触面广、政策性强、业务繁多、关系全局，是饭店经营中必不可少的重要环节。

图 2-3　总服务台

总服务台在一定程度上是整个前厅的核心。客人在饭店的一切活动都与总服务台有着千丝万缕的联系，总服务台的工作琐碎繁杂，这就需要总服务台的工作人员以极大的耐心来处理一切问题，切不可马马虎虎、粗枝大叶、敷衍了事。

在总服务台工作会遇到各种情况，如有客人要预订房间，有客人要做住宿登记，有客人要办退房手续，有客人要预订机票、火车票或船票，有客人要求代购物品，有客人要求代收邮件……面对如此繁多的情况，总服务台工作人员不用慌张，只要按照岗位服务规范进行操作，就可以把每项工作任务都完成得很漂亮。

总服务台工作人员应该着装整洁，不浓妆艳抹，不佩戴贵重饰物，讲究个人卫生，上班前不吃有强烈刺激气味的食物；为客人服务时应该精神饱满，对客人笑脸相迎，主动热情；在任何情况下都不能与客人发生争执，要文明礼貌，不要言语粗俗、举止粗鲁；当客人对服务不满投诉时，要耐心倾听，千万不要打断客人的话，更不能置之不理，对客人提出的问题要马上着手解决；不要以貌取人，要做到对任何客人都一视同仁、热情服务，如图 2-4 所示。

图 2-4　总服务台工作

（一）接受客人预订服务礼仪

预订是团体客人、重要客人或是熟客来饭店时通常会采取的一种方式。预订人员在客人预订过程中所表现出来的友好热情以及对饭店的全面了解会给客人留下深刻的印象。

（1）预订服务人员对饭店内各类房间的基本情况、价格及饭店的政策规定都要了然于胸，即使不用翻看资料，也能脱口而出。各种专业术语、营销知识和价格概念，也一定要十分熟悉。

（2）若客人是第一次预订，应向客人介绍饭店的基本情况，然后根据客人的要求和喜好，向客人推荐适合的房间类型。

（3）向客人报价时，一般应从高价向低价报，说明一些额外服务应增补的费用；若是外宾，还应解释清楚合理的外汇兑换汇率。

（4）当客人决定预订后，预订服务人员应对照预订当天的可供房情况，决定是否接受客人的预订。如果接受预订，则应根据要求和客人的实际情况填写预订登记表。如果不能接受客人的预订，则应向客人表示遗憾，并向客人解释清楚不能接受预订的原因，建议客人做适当的修改；若客人不愿更改，预订人员还可向客人推荐附近的饭店。

（5）填写好的预订登记表要经过客人核对，确保无误之后存档。

（6）在实际工作中，由于客人有临时情况，在预订的日期前还会对预订的内容做一定的修改，如到达或离开饭店的时间、房间数、人数、住房人姓名及预订种类等。当出现这些变动后，预订人员应积极配合，更改登记表，并将有关工作做相应的改动，确保客人当天来时不会发生意外。

（7）当客人取消预订时，要十分小心，千万不可出错，以免造成饭店的被动。

（二）问讯服务礼仪

作为一名总服务台接待人员，要熟练掌握大量知识，做到查询迅速、回答准确、工作有序、讲究效率。接待人员应随机应变，善于处事，如图 2-5 所示。

图 2-5　总服务台接待

1. 问讯接待礼仪

（1）客人多时，应做到接待第一位客人，问询第二位客人，问候第三位客人，并说："对不起，请稍候。"如果登记时人很多，开房时一定要保持冷静，有条不紊，做好解释，提高效率。

（2）接待客人时应全神贯注，态度和蔼，语气轻柔，注视客人，口齿清楚。客人的姓名必须清楚，不可边为客人服务边接电话。对重要客人，总服务台接待人员可代表部门经理用电话探询他对饭店服务的意见，以示饭店对他的重视和关心。

（3）及时、准确地把邮件交给客人，交递时面带微笑："先生，这是给您的信件，请收好。"如邮件到达时客人已结账离店，应按客人留下的地址转发。

（4）做好客人档案工作。要观察客人，记录客人的资料及喜好，为以后的工作做好准备。对经常光顾的客人要有针对性地服务，使客人有宾至如归之感。

（5）对待客人要一视同仁。

（6）要努力完成对客人的一切承诺，不能疏忽，甚至遗忘；对办不成的事要直接相告，最好介绍能满足其要求的地方。

（7）处理好宾客投诉，对刚入住客人的投诉要及时处理。如客人抱怨房间设备和服务问题时，要先道歉，然后感谢客人反映此事并表示这些问题将立即通报有关部门改正，防止此类问题再次发生。如客人仍不满意，应告知大堂副理，尽量避免使客人失望而归。

2. 问讯服务信息

（1）地区相关信息。接待人员不仅要对客房设施完全掌握，还要熟悉该地区的旅游景点、名胜古迹、风味小吃等。介绍好的旅游景点可以延长客人停留的时间。

（2）连锁店信息。现在许多饭店是连锁经营，接待人员可根据客人情况向客人推荐相关连锁店，这样既方便客人又控制客源流向。

（3）熟悉客人常见问题。

这里最近的风景区在什么地方？

你能为我叫一辆出租车吗？

这里最近的购物中心在什么地方？

我要去最近的银行，从这里怎么去？

我要去看电影，怎么走？

办理离店结账是什么时间？

哪里有比较好的日本料理/墨西哥餐厅/法国餐厅？

（4）建立信息库。服务接待人员应人手一册实用信息册。否则，被客人问到问题回答不出来是很尴尬与失礼的，也会影响酒店声誉。

实用信息册应包括：饭店所属星级，饭店各项服务的营业时间或服务时间，饭店的特色等；公交路线，出租公司电话及价格；航空公司电话；地区城市地图；本地特产；名胜古迹；其他酒店、咖啡厅、餐厅、商场的营业时间等。

接待人员应充分了解酒店的客房及各种服务设施与服务项目。介绍时应突出饭店优势，可采用以下说法：

游泳池畔帐篷小舍。

高层有安静的行政管理办公客房。

新装修的获奖房间。

豪华、宽敞迎宾接待客房。

景色独特，山景客房，宁静怡人。

3. 问讯行为规范

（1）动作举止要规范。站、走、坐要符合要求，端庄文明。迎客时走在前，送客时走在后，客过要让路，同行不抢道，不许在宾客之间穿行，不在饭店内奔跑追逐。

（2）禁止各种不文明的举动。吸烟、吃零食、掏鼻孔、剔牙齿、挖耳朵、打饱嗝、打哈欠、抓头、搔痒、修指甲、伸懒腰等不雅之举，即使是在不得已的情况下也应尽力回避或掩饰。在工作场所不得随地吐痰，扔果皮、纸屑、烟头或其他杂物。

（3）保持室内安静。接待人员在工作时说话要轻声，不在宾客面前大声喧哗、打闹、吹口哨、唱小调；走路脚步要轻，动作要轻，取放物品要轻，避免发出响声。

（4）满足客人需求。服务客人是第一需要，当客人向服务人员的岗位走来时，无论接待人员正在干什么，都应暂时停下来招呼客人。

（5）对客人要一视同仁。切忌两位客人同时在场的情况下，与一位客人长时间交谈，而冷淡了另一位客人。与客人接触要热情大方，举止得体，不得有过分亲热的举动。

（6）尊重客人。严禁与客人开玩笑、打闹或取外号；客人之间交谈时，不要走近旁听，也不要在一旁窥视客人的行动。对容貌体态奇特或穿着奇装异服的客人，切忌交头接耳或指手画脚，更不许围观；听到客人的方言土语，不能模仿讥笑；对身体有缺陷的客人，应热情关心、周到服务，不能有任何嫌弃的表示。

（三）住宿登记的服务礼仪

负责登记的服务人员应热情问候每位宾客，点头致意，面带微笑地说："您好，请问有预定吗？""您好！小姐（先生），需要住宿吗？"

有较多宾客抵达时，要按先后顺序依次办理住宿手续，做到"接一答二照顾三"。

VIP 客人入住登记。VIP 客人入住饭店一般都事先预订了房间，服务人员要在客人入住饭店前填好住房登记表或登记卡,并将客人房间的钥匙装在钥匙袋或信封里,待客人抵达饭店时,将钥匙交给客人或随行礼宾人员,而不必再办理登记手续。

零散客人入住登记。客人抵达饭店到总服务台办理入住登记时,服务人员要热情欢迎,对熟客和已预订房间的客人可以这样打招呼:"您好,先生(女士),我们一直都在恭候您的光临!"对一般客人可以说:"您好,欢迎光临!"询问客人的基本情况,并向客人说明各类房间的价格、特点及折扣情况等;请客人填写住宿登记表,注意要双手将表递给客人,并指导客人填写;在客人的住房登记表上注明房间号,并将住房登记表复核一次,确认无误后存档;将房卡双手交给客人,同时提醒客人"您的房间是×号,祝您愉快!"并安排行李员引领客人去房间,如图2-6所示。

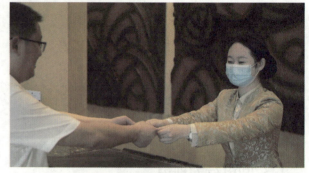

图2-6 双手递送房卡

团体客人入住登记。团体客人一般是预订了房间的。在客人到达前,大堂经理应负责安排好一切,控制饭店当天的房间数,提前做好接待工作。团体客人到达后,应请领队或陪同人员填写团体住房登记表。核对无误后,请填表人签字,然后把房卡交给他,并请行李员或专门的陪同人员引领客人前往客房。当客人提出其他要求时,应尽可能地给予满足,并向客人讲明提供服务的费用。

(四)退房服务礼仪

退房是客人和饭店接触的最后一环。善始善终,绝不可掉以轻心。

对于入住饭店的客人,总服务台服务人员都应对客人的声音、相貌有大概的印象,所以当客人前来退房时,服务人员一定要迅速地翻查出客人的资料,并正确计算出客人入住饭店期间的费用,打印出来请客人过目,如图2-7所示。

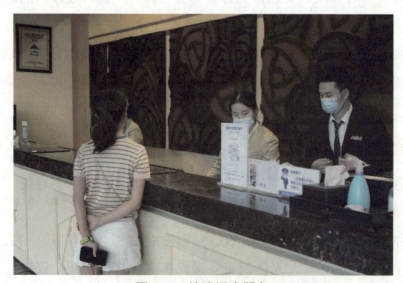

图2-7 结账退房服务

若客人看后觉得没有问题，请客人在账单上签字。账单一式三份，一份交给客人，一份留在总服务台，一份上交饭店财务部门。

当面点清客人所交的钱款，在账单上盖章后，将找零一并交给客人，并对客人说："您慢走，欢迎下次光临！"

若客人要求行李员帮助运送行李，服务人员还应提前将客人的房间号及客人所要运送的行李件数通知行李部，并协助行李员将客人的行李送上车。

三、电话总机服务礼仪

电话总机是饭店内外信息沟通联络的枢纽和形象窗口。电话接待是在通话双方看不见表情、看不见手势的情况下进行的，总机话务员是饭店"看不见的服务人员"，如图2-8所示。

图 2-8　电话总机服务

（一）接听电话

饭店总机话务员接听来电，务必在铃响三声以内接听，充分体现饭店的工作效率。话务员接到打进的电话，应先主动报出饭店全称，然后倾听来电内容，再分别处理。接听客人来电问询时应热情帮助解决，如不能马上回答，应对来电客人讲明等候时间，并在约定时间回电。

（二）转接电话

话务员接转电话时，要做到精力集中、准确无误。接转中不得监听通话内容。宾客托挂的长途电话，在其通话后，应准确记录通话的房间号、姓名和通话时间，记账留存，做到不漏不错。

（三）代客留言

如果来电找已住宿的客人，而此人此时不在饭店内，话务员可主动请来电一方留下姓名、地址和回电号码，以便转告；待客人归来，话务员要及时转告，促其回电。如果来电一方要求直接留言，话务员应详细做好记录，并与对方复述核对后挂断电话，再及时转告住店宾客。

（四）叫醒服务

在接受宾客的叫醒服务请求后，话务员要立即做好记录，准确核对房间号码和叫醒时间，便于交接班时让接班同事了解详细情况。

四、商务中心服务礼仪

商务中心不但是服务场所，而且是接待客户的地方，一定要做到环境卫生整洁、整体布置井然有序，使客户感到舒适、方便。

商务中心服务人员在岗时，除按照规定程序服务外，还应做到以下几点。

（一）注重个人仪表

商务中心服务人员在工作岗位上要仪表整洁，仪容端庄，仪态大方；工作时要精神饱满，精力集中；在客户面前要注意自己坐、立、走的姿势。

（二）工作主动热情

要主动接待客户，微笑问候，敬语当先，尊重客户的意愿，尤其是对一些有特殊要求的客人，不得有不耐烦的表现；在同时接待多位客人时，应按先后次序受理，同时向等候的客人打招呼致意，做到忙而不乱。

（三）办事认真，讲究效率

商务中心服务人员承办各项业务时，要做到准确、快捷、细心、周到，杜绝差错；代客发电传时，要浏览客户的电传底稿，对于不清楚的地方要询问明白，并请客人重抄或经客人同意后代为改正；代发的电传应留复制件以便查询。代客发完电传后，要把通报时间、发出时间及操作人员工号填写在挂号单上，并请客人到收银处付款；代收电传时，应检查有无收报人地址和姓名，将电文连同发来电传的时间记录同时撕下，填上经手人工号，然后将电传送到客户房间或打电话请客人到商务中心领取，不要忘记请客人在电传登记簿上签字；代客发传真时应仔细核对对方的地区号和传真号，以防错发；代客打字、复印、进行口头或书面翻译时，应讲究效率，力求准确，避免差错。如果客人对服务不满，应耐心解释，不应置之不理，更不能态度恶劣。解释时态度要谦和，语气要委婉。

五、前厅其他部门服务礼仪

前厅其他部门包含行李部、寄存处、清洁部等，这些部门的工作不可忽视，因为细节决定成败。

（一）行李部服务礼仪

行李部行李员应等候在前厅，随时准备为客人提供服务。行李员负责迎送客人并协助客人搬运行李，为客人提供迅速友善的服务。

1. 迎客服务礼仪

行李员在看到有客人到达或接到迎宾员的通知后，应协助迎宾员把行李卸下车，并根据客人随身携带的行李判断是否需要进一步服务。

行李较少时，可以自己为客人拿行李；行李较多时，则使用行李车。同时应注意：大的、硬的、不怕压的行李放在行李车的下面，小的、软的行李放在上面，如图2-9所示；贵重物品、外套和易损物品应尽量请客人自己拿好，避免发生意外。若是接待团体客人，则应注意集中堆放，不要遗漏。

图2-9　行李员摆放行李

行李摆上行李车后，应向客人核对行李件数，确保无误后带领客人去总服务台办理入住手续。当客人办完入住手续后，询问客人是否有行李需要寄存。若有，则应带领客人前去或是通知寄存处。

问清客人房间号后，将客人和客人的行李送到客房。

乘坐电梯时，应请客人先行。到达所在楼层后，请楼层服务员在前引领客人前往房间，行李员在后推行李车，直到把客人送到客房。

卸完行李并按客人要求放在指定位置后，行李员便可回到自己的工作岗位上待命。

2. 送客服务礼仪

送别客人时，行李员应按照总服务台的退房卡片判断是否需要行李车，并在指定的时间到达客房，将客人的行李装上行李车，同时提醒客人检查核对，以免出现遗漏。

待客人办完退房手续后，再次请客人核对行李件数，并请客人在退房卡片上签字，然后把有客人签字的退房卡片交给总服务台，如图 2-10 所示。

图 2-10　行李员核对行李数量

（二）寄存处服务礼仪

寄存处的工作是保存客人的贵重物品，要格外小心谨慎，一旦出错，不但会给饭店造成经济损失，而且会影响饭店的声誉。寄存员在提供寄存服务时要注意的礼仪如下。

（1）客人前来寄存时，向客人讲清楚服务费用，并记录客人的姓名、房号、证件号码以及所存物品。

（2）检查客人需要寄存的物品后，请客人填写单据，一式两联，一联交给客人做取回寄存物品的凭据，另一联留存备档。

（3）对易损物品一般不寄存。若寄存衣帽等小件物品，须强调衣服口袋里不能有贵重物品或钱款，并提醒客人自行保管或指点客人将贵重物品存放到专业柜台或总服务台。

（4）认真对待客人的物品，要有规矩地摆放整齐，小心保管，不要遗失。大衣一律要用衣架挂起，小件物品（如头巾、围巾、手套等）应放进大衣口袋里。

（5）客人来取寄存物品时，一定要仔细核对单据；核对无误后，将物品交给客人，并请客人当面点清。

（6）若客人不小心将单据遗失，寄存处工作人员要与总服务台的值班经理联系，用客人的身份证或其他有效证件证明客人的身份，问清寄存物品的特征和件数，确信与实际情况相符后方可让客人签字领走物品。

（三）清洁部服务礼仪

大堂是饭店的"脸面"，也是客流密集的公共区域，整理清扫工作大部分均在客人面前进行。大堂清洁员在工作时应注意以下事项。

（1）制服穿着整齐清洁，讲究个人卫生。

（2）在大堂清扫地面时，要随时留意周围的客人，不得妨碍客人的自由走动。在操作时，特别留意朝自己方向走过来的客人，做到主动让道。

（3）清理客人休息处的烟灰缸、废纸及其他杂物的次数要勤、动作要轻。对客人微笑点头示意，主动问候："先生，您好！""对不起，请抬一下脚行吗？"

（4）在高处擦拭玻璃幕墙、雨天擦拭大理石地面积水时，要注意客人的安全，安放好告示牌。

（5）清扫要认真细致，石面地板要光亮如镜，玻璃幕墙、玻璃门、栏杆、柱面、台面要明净无尘。

大堂的公用洗手间是客人经常出入之地，是饭店的"名片"。现代饭店十分讲究公用洗手间的设备、用品和服务，洗手间清洁员在接待客人时应做到以下几点。

（1）客人进入洗手间时，应面带微笑热情问候并躬身致意。

（2）留意客人的需求，及时为客人提供方便。

（3）当客人洗手时，应立即打开冷热水龙头，快速调节好水温，同时帮助客人按下洗手液的按钮，供客人使用。

（4）客人洗手后，用夹子递上干净的小方巾或纸巾供客人擦手。如客人要用干手器，应示意其处置。

（5）根据不同客人的要求，可适时递上木梳、指甲钳等供客人使用，还可用小毛刷为客人刷去衣裤上的灰尘，礼貌周到地开展细节服务。

（6）客人离开时，应主动拉门，热情道别"请走好"或"请慢走"。

六、大堂副理服务礼仪

大堂副理服务礼仪包括以下几个方面。

（1）接待客人要积极热忱，精力集中，以谦和、热情的态度认真倾听，让客人把话讲完。

（2）对于客人投诉所反映的问题，要详细询问，并当面记录，以示郑重。

（3）能够设身处地为客人考虑，以积极负责的态度处理客人的问题和投诉。在不违反规章制度的前提下,尽可能满足客人的要求。

(4)当客人生气时,自己要保持冷静,待客人平静后再做解释与道歉,要宽容、忍耐,绝对不能与客人发生争执。

(5)尽量维护客人的自尊,同时要维护好饭店的形象和声誉,对原则问题不能放弃立场,应机智灵活处理。

(6)对客人的任何意见和投诉,均应给予明确合理的交代,力争在客人离开饭店前解决,并向客人表示感谢。

任务二　饭店客房部接待服务礼仪

> 不学礼，无以立。
>
> ——孔子

客房是满足客人住宿需求，并以此为基础进行各种活动的必不可少的基础设施，是饭店的主体部分，其数量相对稳定，不像饭店中的其他设施可以根据规模、等级、市场化等因素进行增减。客房部的服务人员要为来自四面八方的客人提供热情周到的服务，保持客房干净、整齐和舒适，为客人的生命财产安全提供保障，还要注意与其他相关部门进行协调沟通，以满足客人的需求。

案例导入

某饭店1306房的Matthew先生每天早出晚归，房间的衣服总是扔得到处都是。服务员小袁打扫卫生时都会不厌其烦地帮他把衣服整理好，放在衣柜内。同时，小袁也发现了一个奇怪的现象：房间里的茶杯每天都原封不动。难道他不喝水？小袁问中班服务员，中班服务员说："每次我们给他送茶他都没喝，但是他每天都会买一瓶矿泉水。"

第三天上午，Matthew的一个朋友来拜访他，小袁想他的朋友可能和他一样不喜欢喝袋装茶叶，于是抱着试试看的心理用散装茶叶为他们泡了两杯茶送进了房间。

过了不久，小袁看见客人和朋友出去了。为了弄明白，她马上进房查看，发现两个茶杯都空空如也。于是，小袁在常客卡上记录下了这一条，又为他泡了一杯茶，用生疏的英语给客人留了言"It's the tea for you！ Wish you like it！"下午，Matthew和他的朋友大汗淋漓地从电梯里面出来，手里抱着一个篮球，老远就冲小袁打招呼，示意她把篮球放进布草房。小袁接过球一看，黑乎乎的。"这么脏，还是洗一下吧？"小袁自言自语道。

小袁便将球拿到消毒间用刷子刷干净了。第二天下午，客人又出去打球，当他从小袁手中接过干净如新的篮球时，竖起了大拇指。

案例分析：

饭店为客人提供袋装茶叶，客人不喝，这在很多饭店都是常事，但小袁对此非常上心，并试着给客人上散装茶,结果赢得了客人的赞赏。另外,除满足客人把篮球放在布草房的要求之外,又进一步帮客人洗刷干净,从而给客人带来意外的惊喜。这两件小事都充分显示了这位服务人员良好的服务意识和服务态度。

问题探究

客房部服务人员必须为客人提供标准化、规范化的服务,让客人对饭店产生归属感。饭店服务无大事,但小事都是大事,因为很多事情对于饭店来说是小事,却会为客人提供极大的便利。

我们常说"宾至如归",真正能让客人找到"归"的感觉的就是客房,客房应该成为"旅客的家"。客人到达饭店,首要目的就是要找个房间住宿、休息,以消除旅途的疲劳。客房服务的质量,同样关系到饭店的形象,它和前厅一样,在整个饭店中起着举足轻重的作用。如何才能使客人有宾至如归的感觉呢?

一、客房接待服务礼仪

(一)迎客服务礼仪

客房接待人员在接到总服务台的开房通知后,应先了解客人的大致情况,然后到电梯口做好迎接工作。若是非常重要的客人或团体客人,还应通知客房主管。

迎接客人时,客房接待人员应站在电梯门的左边,以叉手站姿站立。待电梯停稳后,请客人走出电梯,并对客人说:"××先生(小姐),欢迎您的光临。我是××楼层的领班,您若有什么问题或需要,请来找我,我会随时为您服务。"并施以15°的鞠躬礼。客人若不主动伸手,客房接待人员一般不主动与客人握手,如图2-11所示。

图 2-11 电梯引导

楼层领班在客人左侧前方两三步的距离,引领客人前去房间,可边走边向客人介绍楼层的一些安全设施,如消火栓、安全通道等。

到达房间后,为客人打开房门,请客人先进,协助行李员把行李放在行李架上,然后帮助客人把大衣脱下、挂好。

依次为客人介绍房间里设备的使用方法、注意事项,还可简单介绍饭店的各项设施和特点,将餐厅、酒吧、咖啡厅、商品部及其他娱乐设施的位置和开放时间告知客人。

待客人没有疑问后,应对客人说:"您好好休息,我先出去了。"出门时,应先后退两三步再转身离开,并轻轻将门带上。

【特别提示】若是团体客人,客房接待人员应陪同在主宾或领队身边,但同时也要将团体客人的房间依次展示给客人,并请客人按照自己的房间号进入房间。若分不清楚行李的归属,应先集中堆放,再请客人自己来领取。等客人都进入房间后,依前面程序再去各房间讲解完毕后,便可回到自己的工作岗位待命了。

(二)日常服务礼仪

为了使客人在住宿期间感到舒适、愉快、安全,客房的日常服务至关重要。客房服务人员应利用客人外出或就餐时对客房进行打扫,每天上午和下午各一次。尽量在客人回来之前打扫完毕。长住客人的房间要按照客人的要求打扫。对于有午休习惯的客人,最好不要打扰客人休息,另安排时间打扫。

每次打扫前,客房服务人员应先到楼层领班那里签到,领取房间通用钥匙,补充布置车上的器具用品,做好准备工作。

进入房间前,应先轻轻敲门,得到客人允许再进入。进去后应先做自我介绍:"我是××服务员,是来打扫房间的。"若无人应答,才能自己用钥匙开门。客人请坐下时要婉言谢绝。当客人房门外挂有"请勿打扰"的牌子时,绝对不要擅自进入。

对房间进行清洁和整理时,一定要做到彻底、无遗漏。打扫时动静不宜过大,否则会影响客人休息。打扫卫生时,干的、湿的、脏的、干净的抹布要分开,不能拿擦地的抹布去擦桌子。

绝对不能随意乱动客人的物品,随意扔掉客人的书报杂志,即使是一张小纸条等,未经客人吩咐,也不得随便扔掉。

除发生意外情况,一般不允许使用客房内的电话;打到客房内的电话,一概不要接听。

做好低值易耗物品(如牙膏、洗发水等)的补给。床单和被罩等床上用品以及毛巾等,应按照饭店的规定更换。更换出来的床单、被罩等都要送到洗衣部清洗消毒。

对于客房里清理出的垃圾应及时处理。工作用车也不可长时间停在通道里,以免妨碍客人通行。

打扫完毕后,客房服务人员要将通用钥匙交回楼层领班处,填写工作日报表,若发现客房里有物件损坏或遗失,除了要通知楼层领班,还应填写在工作日报表里。

已退的房间,一定要做一次彻底的大扫除,将整个客房布置一新,并进行消毒和杀虫,如图2-12所示。

图2-12 客房日常

（三）送餐服务礼仪

客人要求送餐到客房时，一定要记清客人的姓名，用餐人数，房间号，点餐的品种、规格、数量，送餐时间等，并向客人重述一遍，以免出错。确认无误后，通知餐饮部，或将订餐卡片送去。

根据客人的订餐情况，准备好用餐的器具及调味品，并整齐地摆放在餐车里。

把握好送餐的时间，不要太早也不要太迟。

进房前先敲门或先按门铃，得到客人允许后方可进入。对客人说："您好，这是您订的餐。""您看，我应该把餐具摆放在哪儿呢？"

一切就绪后，将账单拿给客人过目签字。客人签字或付账后，应对客人表示感谢；若客人还需要服务，则应站立在一旁按餐厅的规格为客人提供服务；若客人不再需要服务，则应立即离开房间。

估计客人的用餐时间，在客人用完餐后，将餐具收回送去清洗。

（四）送客服务礼仪

客房服务人员在接到退房通知后，应弄清楚客人的房间号码及客人离开的准确时间，及时做好送客的准备工作。若客人是17时以后退房，还应安排好清洁卫生工作。

在客人离开前20分钟左右，提醒客人仔细检查自己的行李物品和重要证件（如身份证、护照等），以免客人将物品遗忘在客房内。

仔细检查房间，看是否有物品损坏或遗失。若问题不是特别严重，则应先送客人出门；若给饭店造成了一定的损失，则应先弄清楚是否是由客人的过失造成的，再决定采取何种措施以及是否通知总服务台由客人负责赔偿。出门时，应轻轻将门关上，帮助客人将行李提到电梯口。为客人按住电梯，待客人完全进入电梯后再松开手，并对客人说："您慢走，欢迎您再次光临本饭店。"

若是团体客人，一定要让客人有秩序地同行，以免走失。

二、房务中心服务礼仪

房务中心是客房部的"心脏"，主要是通过电话为客人解决各种问题，工作小而烦琐，但重要程度不可忽视。作为房务中心的服务人员，主要遵循的电话基本礼仪有以下方面。

（一）接听电话前的服务礼仪

要准备好笔和纸，并停止一切不必要的动作，微笑迅速接听电话。

（二）接听电话服务礼仪

要在铃响 3 声之前接起电话，尤其要避免说"喂"，要主动问候，报部门名称和介绍自己，忌讳唐突地问："你是谁？"要注意控制说话的音量。如果客人需要帮助，应尽力提供快速、切实的服务。

（三）拨打电话服务礼仪

在拨打电话前要列出要点，并确认电话号码无误。若拨错电话，应该及时致歉。接通电话后，应立即报部门并自我介绍，然后转入正题。

三、公共区域服务礼仪

公共区域服务是一项复杂、细致、专业性很强的工作，公共区域服务人员要身穿工作识别服，工作中要精神饱满，表情自然。

（一）做到"六要"服务

在工作中，给客人带来不便时，要使用"请当心""劳驾""打扰您了""多谢"等礼貌用语；在大堂用尘拖清扫浮灰时，要随时留意周围；见客人走来要主动让道，不妨碍他人的活动；清理烟灰缸、废纸杂物，次数要勤，操作要轻，客人在旁，要微笑点头示意，要礼貌问候。

（二）牢记"六不要"

在工作时，不要与他人闲聊或大声说话；遇急事不要奔跑，以免造成紧张气氛；不要逗弄或抱客人的小孩；与客人接触，不要有粗俗之举；在过道中与客人相遇，不要与客人抢行，也不要从正在谈话的客人中间插过。

（三）特殊情况下的服务礼仪

客人财物在客房内遗失时，应派人及时到达现场，安抚客人，及时提供帮助，并尽快进行调查，将处理结果通知客人。

客人损坏酒店物品时，应派人及时到达现场，首先查看客人有否受伤，再看物品损坏情况，查明物品损坏原因，及时修补可更换物品，并根据实际情况处理索赔。

任务三　饭店餐饮部接待服务礼仪

> 讲礼貌不会失去什么，却会得到一切。
>
> ——玛·沃·蒙塔古

案例导入

一个旅游团在某地一家饭店用餐，当服务员发现一位70多岁的老人面前是空饭碗时，就轻步走上前，柔声说道："请问老先生，您还要饭吗？"那位先生摇了摇头。服务员又问道："那先生您完了吗？"只见那位老先生冷冷一笑，说："小姐，我今年70多岁了，自食其力，这辈子还没落到要饭吃的地步，怎么会要饭呢？我的身体还硬朗着呢，不会一下子就完的。"

案例分析：

由于服务员用词不当，不注意对方的年龄，尽管出于好心，却在无意中伤害了客人。

问题探究

餐厅是为客人提供用餐服务的场所。饭店餐饮部作为饭店唯一生产实物产品的部门，集生产加工、销售服务于一体。饭店要根据自身的规模和经营特点设置不同类型的餐厅，以满足客人的不同需求。不同的就餐场所，服务礼仪也应有所不同。

餐饮服务是饭店接待工作中极为敏感和重要的一个因素。对客人来说，用餐既是需要又是享受。餐厅要为客人提供食品、饮料和相应的服务，既满足客人最基本的饮食需求，又从色、香、味、形上使客人得到感官上的享受，让客人在优雅的环境中受到热情周到的服务，同时在精神上得到享受和满足。

一、中餐厅服务礼仪

（一）中餐厅服务人员的工作任务

客人从踏进餐厅的大门到用餐结束离开餐厅，整个过程需要服务人员提供周到服务，如图 2-13 所示。

图 2-13　餐厅服务

（1）精神饱满地迎接客人，礼貌迎宾、引导带位、安排入座，必要时协助客人摆放衣帽物品。

（2）为客人提供茶水、毛巾、消毒湿巾等服务。

（3）客人到齐，询问酒水，依客人喜好酒水饮料。

（4）与主人确认菜单的要求及开餐时间。

（5）除去筷套，为客人提供餐巾。

（6）将事先准备好的三联单注明特殊项目，送入厨房，开始准备菜肴。

（7）厨房依序烹饪，传菜人员将菜肴送至服务区。

（8）服务人员将菜肴附上叉匙，从主人右侧上菜，转动转台，展示并报菜名后，由主宾处开始进行分菜服务。

（9）以服务叉匙搭配骨盘，为客人分菜分汤。

（10）每道菜肴上菜前，须更换骨盘或汤碗。

（11）平均分配每一道菜，最后未分完的菜肴，可以骨盘盛装，再摆上转台。

（12）注意分菜服务技巧及礼仪。

（13）适时地为客人添加酒水，并注意酒水服务技巧及礼仪。

（14）上菜完毕，须告知主人菜已全部出齐，并询问是否有其他需求。

（15）客人用完餐后，收拾桌面及餐具。

（16）送上餐后水果和餐具。

（17）清点所有用过的酒水饮料，准备好账单，等主人要结账时再送上账单。

（18）主人结账后，归还客人寄放的衣帽，协助送客，道谢并欢迎再次光临。

（19）检查台面及场地是否有遗留物。

（20）清理餐具及现场。

（二）中餐厅服务人员的服务礼仪

前述工作任务并不全都是要与客人发生直接接触的。下面按照服务顺序讲解在为客人提供中餐服务时应该注意的礼仪。

1. 订餐服务礼仪

提高订餐服务质量会增加消费者的信任度，从而使饭店获得良好的经济效益和社会效益。订餐服务礼仪具体如下：

（1）客人前来订餐时，订餐服务人员要主动接待，繁忙时要请客人稍候。

（2）仔细询问客人的用餐时间、进餐人数、订餐内容、是否还有其他要求等，并认真记录。记录完毕后应向客人重述一次，看是否有遗漏或有出入的地方。

（3）认真回答客人的提问，并向客人说明餐厅的规定，特别要讲清楚取消订餐的最长时限，请客人一定要准时前来。

（4）客人订餐后，订餐服务人员应及时与当天的领位服务员进行沟通，并根据客人的情况及要求安排好桌位，摆上"已预订"的牌子。

2. 迎宾服务礼仪

（1）见到客人前来，迎宾人员应主动招呼客人说："欢迎光临，请问先生（女士）几位？有没有预订？"主动为客人开门，引领客人进餐厅。若是男女客人一同前来，则应先问候女宾，再问候男宾。

（2）若餐厅设有雨伞寄放桶、衣帽寄放间，迎宾人员应先询问客人是否需要寄放物品；若有，则须代为处理，注意对号入座，以免出错。

（3）询问客人是否已有预订，若有则应问清楚客人的姓名，引领客人直接前去；若没有预订，应根据实际情况作灵活安排。

（4）若餐厅已客满，要有礼貌地请客人在门口稍候，安排好休息的座位，并告知客人大概的等候时间。若时间稍长，应倒茶给客人，或请客人通过看杂志来打发时间。重要的客人到来后，要先将客人引领到贵宾室等候，再交由餐厅主管或饭店经理来迎接。

3. 领位服务礼仪

（1）领位人员引领客人前往座位时，应注意引导的速度不可太快，并用语言提醒客人注意脚下的障碍及方向。

（2）安排座位时应注意：夫妇、情侣前来就餐，要把他们引领到角落里比较安静的餐桌座，方便说悄悄话；一家人或亲朋好友前来聚餐，可引领他们到餐厅中央的餐桌就餐；年老体弱的客人前来用餐，应尽可能安排在离入口较近、出入方便的地方；对于有明显生理缺陷的客人，要注意安排在适当的位置，最好能以遮掩其生理缺陷为妥。若餐厅较大，须同时注意座位的合理分配，不要集中安排在某一区域就座。

（3）尽量满足客人的要求，若无法满足客人的要求，应有礼貌地向客人道歉解释，并把客人引到其他桌位；靠近厨房出入口的桌位，往往不受客人欢迎，对那些被安排在这几张餐桌上就餐的客人要多说几句抱歉的话。

（4）将客人引领到桌位后，领位人员在告知区域或看台服务员客人的用餐人数和需求后，方可离去。

小贴士

王先生为什么不满意？

下肢有残障的王先生到餐厅用餐，领位员将王先生领到门口处座位坐下。因门口来往客人很多且很吵，王先生希望更换位置，领位员告诉王先生餐位已订满，无法调换。王先生想点菜时，因餐厅客人很多，又让王先生等了一会儿，王先生有些不满意了。点完后，服务员将点单送到厨房后，才知道有一道菜没有原料了，但服务员未能及时告诉王先生，直到主食上齐，王先生才知道此事。至此，王先生非常生气，要求餐厅能给他一个很好的解释。

领位员应具有良好的服务意识，遇到此类情况应尽量满足客人的要求，尽量把客人调整到一个僻静的座位。若无法调整，也应用恰当的语言向客人说明情况，以求得客人的谅解。服务员的餐前准备工作要做充分，要保证各环节之间的衔接和协调，保证优质服务。服务员应提高服务意识，多从客人的角度去想问题。

有研究表明，一个不满意的顾客会将自己的不幸遭遇向10～20个人诉说，这些人会进一步把这种不愉快的经历向更多的人传播。按照这项研究的结论，假设王先生向10个人讲述了自己的不快，而这10个人又向其他人讲述就有更多人知道了这家餐厅的待客服务情况，如果这样传递下去，那将是一个很严重的后果。所以，饭店服务人员必须认真服务客人，减少投诉的发生，尽量不要让客人产生不快。

4. 入座服务礼仪

（1）请客人入座时，服务人员应拉开座椅协助客人入座。注意座椅拉开的距离不要太大，客人能走进即可，然后配合客人坐下。

（2）服务顺序一般以女士、老者及尊者优先。若有儿童同行，则应安排儿童椅，同时避免让儿童坐在上菜的位置。

5. 茶水服务礼仪

（1）待客人都坐定后，服务人员应根据用餐人数增减餐具，调整餐具位置，以保证客人舒适地用餐，如图2-14所示。

（2）可根据季节为客人送上冰水或者热茶，还可根据餐厅的服务方式，适时提供餐前小菜。

图2-14 茶水服务礼仪

6. 点菜服务礼仪

（1）从客人右侧将菜单及酒水饮料单呈给客人，并将其打开，然后退到一旁稍候，给客人以充裕的时间翻阅、思考、讨论，待客人稍有决定后，才可上前。

（2）若是已订餐的宴席，菜单应事先摆在餐桌上供客人参考。

（3）服务人员应站立在客人左侧，与客人保持一定距离，身体稍微前倾，手持点菜单，认真倾听，做到精神专注，有问必答，百问不厌。

（4）服务人员应熟知餐厅所提供菜肴的原料、制作方法、口味及中式菜的一些基本知识，以应对客人的提问。当客人需要建议时，服务人员应充分参照用餐人数、预算、口味、偏好及用餐时间等提出适当的建议，为客人搭配出一桌好菜肴。

（5）填写点菜单时，要放在手上写，千万不要图省力放在餐桌上写。同时应注意分门别类地注明桌号、人数、开单人及菜肴的名称、数量及特殊要求，并写上开单时间。

（6）客人点菜完毕后，服务人员应向客人重述一次，确认没有遗漏或错误。若客人点的菜餐厅已无法供应，应向客人说清楚，并向客人表示歉意；若客人要点的菜肴菜单上没有，应根据客人的描述，与厨房商量后尽量满足客人的要求，不可断然回绝；若有烹饪时间较长的菜肴，应向客人说明，如图2-15所示。

（7）酒水需另外开立点菜单。

图 2-15　餐厅服务人员回答咨询

7. 酒水服务礼仪

将点菜单送到柜台和传菜间以后，服务人员应为客人进行酒水服务。

（1）若客人点的是整瓶的酒，服务人员在开瓶前，应左手以服务巾托住酒瓶，右手扣住瓶口，将酒标正面朝向客人，供客人识酒标是否完整，酒名、产区、年份、品种是否正确，瓶口是否无损。客人确认无误后，服务人员方可开瓶，如图 2-16 所示。

图 2-16　酒水服务礼仪

（2）斟酒时，应以主宾、女士和年长者优先，然后按顺时针方向依次斟酒，最后为点酒的主人斟酒。

（3）不同的酒使用不同的酒杯，白酒用白酒杯，鸡尾酒用鸡尾酒杯，喝烈酒则应用烈酒纯饮杯。不同的酒杯所盛酒量也不同，一般来说，斟至酒杯的 1/3 即可，而红酒应斟至 1/2，香槟和其他气泡酒应注意斟酒速度不要太快，以免泡沫溢出。

（4）为客人斟酒时要注意姿势，手不要抖。

（5）斟完酒后，应将客人面前的茶水撤走，并为客人拆筷套。

（6）客人用餐过程中，应注意适时地为客人提供酒水，将已用过的空酒杯或其他杂物拿走。

8. 传菜服务礼仪

传菜即取菜。传菜员的工作主要是配合看台或区域服务员的工作，根据看台或区域服务员交给的点菜单，按照各餐桌客人点菜的先后顺序列好，并与厨房工作人员密切配合，为看台或区域服务员当好助手。传菜员应注意以下服务礼仪。

（1）一般应用右手托盘，左手背在身后，保持托盘的平稳，以免菜汤或油溢出。客人在用餐过程中撤下来的空盘等也要用托盘，不能直接用手拿。

（2）走路要轻，以免将地上的灰尘扬起，影响客人的食欲。遇到客人要让客人先行，并对客人微笑致意。

（3）一般来说，传菜员无须亲自上菜，而应将菜交给看台或区域服务员。

（4）要注意客人入座后点菜的时间，同时提醒厨房哪些客人的菜是需要先上的。

9. 上菜服务礼仪

（1）上菜前，看台或区域服务员从传菜服务员手中接过菜肴时，应先确认，在仔细检查无误后，立即将菜肴端上桌。

（2）看台服务员上菜的同时报出菜名，慢慢地转动转台，让在座的客人欣赏菜肴。最好的方式是一边转动转台，一边介绍菜肴的特色及烹饪重点。

（3）当所有的菜肴都上完以后，看台服务员应告知客人，并请客人慢慢享用。

10. 用餐服务礼仪

（1）用餐过程中，若有需要客人用手食用的食品，应同时送上盛有茶水的净手盅，并适时为客人添斟酒水。

（2）根据客人的需要，适时撤下空盘，更换骨盘，并注意保持台面的清洁。

（3）每道菜肴快吃完时，应将其更换为小盘，摆回转台上供客人取用。

（4）出菜速度应配合客人的用餐速度，看台服务员须配合客人需求，指示传菜员通知厨房配合。

（5）用餐过程中，若客人还要加菜，同前面点菜的程序一样，看台服务员一定要仔细填写增加的菜单，同样一式三联。

【特别提示】若一名看台服务员同时照顾几个桌位，一定注意不要顾此失彼，要一视同仁，照顾好每一个台面的客人。

11. 结账服务礼仪

（1）客人用餐期间，看台服务员应清点酒水饮料空瓶，以待客人确认。

（2）客人示意结账时，看台服务员应主动询问客人对剩余饮料及餐点的处理办法，主动将多余未用的酒水退掉，并询问客人用餐是否满意。

（3）对于账单，看台服务员应先行确认过后，再向客人解说消费项目，并将账单交给客人过目。

（4）尽量采用客人愿意的方式（现金、刷卡、电子支付或签账）结账，如不能满足客人的需要，应向客人解释清楚，取得谅解。

（5）为客人送上发票、找零现金或信用卡及签单。

12. 送客服务礼仪

（1）结账完毕，当客人起身时，看台服务员应主动为客人拉开座椅，提醒客人不要遗忘随身物品，并帮客人留意桌位附近是否有遗留物，若有，应及时交给客人。

（2）将客人送至门口，礼貌道别。

二、西餐厅服务礼仪

西餐厅讲究 4M，即 Menu（精美的菜单）、Mood（迷人的气氛）、Music（动听的音乐）、Manners（优雅的进餐礼节），这些构成了西餐厅特有的情调，它向客人传达了一种美的意境，使人们感受到美味，更感受到悦耳和悦目。

（一）西餐厅散客服务礼仪

西餐厅散客服务应注意以下服务礼仪。

（1）迎宾和引座。西餐服务中的迎宾礼仪与中餐服务中迎宾和引座的礼仪基本相同，不再重复。

（2）入座。以女士优先为原则，引领客人入座。当客人从左侧入座时，双手轻握椅子靠背慢慢地向后拉，当客人站在椅子前待座时，用膝盖顶住座椅靠背使座椅处于随时调整的状态，然后轻轻随着客人坐下的姿势，将座椅推到客人就座的合适的位置。

（3）客人要脱外套时，应主动协助并征得客人的同意挂放在衣架上。女宾客一般都有小手提包，可让其放在空座位上或征得客人意见后放置在其他地方。

（4）递送菜单。在提供餐前酒服务后，适时地递上菜单、酒单。递送时从方便宾客的一侧递上，不要马上询问客人点什么菜，否则会给客人一种被催促的感觉，可以离开 5～10 分钟，给客人充分考虑的时间。如果是男、女两位客人，要将菜单呈递给女客人。

（5）点菜服务。点菜时，要站在客人的左侧，上身略微前倾，认真听客人点菜，并点头表示知道；如客人有意商量时，要认真介绍，为客人做好参谋介绍菜品时，不要用手指或笔尖指点菜单。

（6）酒水服务常识。白葡萄酒应冰镇后再斟倒给客人，红葡萄酒可以常温饮用，这两种酒均应斟至酒杯的1/2处。

（7）在上汤以及其他菜肴、饮品时，应遵循西餐的有关规定，掌握操作程序，如图2-17所示。

【特别提示】每上一道菜，服务员都应细心观察客人品尝第一口后的表情，并轻声询问"可以吗""火候如何""味道怎样"等，以便于不断改进工作。

图2-17 西餐服务礼仪

（二）酒会服务礼仪

现代社交聚会、宴客典礼等活动常常会举行酒会。酒会，或称鸡尾酒会，是一种供应酒水饮料，并搭配精致冷热食品及小吃点心的宴客方式。酒会以酒水服务为主，场地布置讲究，可满足现代社会社交的需求。

1. 酒会服务人员的工作任务

（1）配合厨房保证餐台菜肴供应充足。

（2）保持餐台菜肴、餐具的整齐和餐台的整洁，并进出厨房补菜。

（3）在吧台内将酒水饮料安排妥当，备好必需的酒杯及器具，然后将事先调制好的鸡尾酒或其他饮料由服务人员以托盘盛装进行绕场服务。

（4）若是碰巧托盘上没有符合客人要求的饮料，先接受客人点酒，返回吧台准备后，再送到客人手中。有些客人会直接到吧台来点取饮料，由服务人员现场服务。

（5）来回穿梭于会场，协助客人处理手上的空杯、空盘。

（6）随时整理会场中供客人放置餐具餐盘的小圆桌，避免脏乱或堆积。

（7）保持会场整洁。随时注意会场地面是否有物品掉落、是否有打翻的餐点饮料的情况，如有，须立即处理。

2. 酒会服务人员的服务礼仪

（1）酒会开始前，服务人员应把所需的吧台设置妥当，并将各式酒水及相关杯具备齐，同时确认人数，以确认实际的使用量。

（2）酒会开始前10分钟，客人会较多，所以酒会一开始需要准备大量酒水，不断将酒水传送到客人手上，以确保酒会的顺利进行。吧台服务员和绕场服务员都必须在最短的时间内让所有的宾客人手一杯，以免造成酒会的混乱。

（3）待所有宾客都有酒水以后，服务人员应立即着手准备第二轮酒水。在最短的时间内将空杯准备好，将酒水倒入酒杯，整齐地摆放在吧台上。酒会开始15～20分钟后，绕场服务人员开始协助客人收走空杯，以送洗并配合接下来的服务。

（4）酒会中会由于客人较偏爱某些饮品，从而造成此类饮品消耗量较大，要注意适时补充，以免供应不足。

（5）酒会开始后10分钟及结束前10分钟，一般会安排演讲、宣布事项或举杯同饮等，服务人员应确保此时每位宾客都有一杯饮料。

（6）酒会结束后，服务人员应对酒水进行清点，计算实际使用量，以便结账。

> **小贴士**
>
> **开香槟酒的正确方法**
>
> 在日常生活中，香槟酒是庆典场合必不可少的饮品，不过人们的兴趣似乎不在于饮酒，而在于开启酒瓶那一刻所迸发出的喜悦心情。
>
> 开香槟酒瓶时，在瓶上盖一块餐巾，左手斜拿酒瓶，大拇指紧压塞顶，用右手扭开铁丝。操作时，应尽量避免瓶塞拔出时发出声音，尽量避免晃动，以防酒液溢出。饮用香槟酒一般都是事先冰镇的，因此开瓶后一定要擦净瓶身、瓶口。

三、自助餐厅服务礼仪

自助餐，顾名思义，就是客人自己动手从陈列各式食物的餐台上拿取自己喜欢的食物，然后回座享用。自助餐因其样式多，各种菜点、冷食、饮料应有尽有，同时不限量供应随坐随吃，因此相当受欢迎。

自助餐厅（图2-18）一般只需要两组服务人员，一组为负责自助餐台的传菜员，另一组为照顾客人用餐区域的服务员。

图2-18 自助餐厅内部

1. 传菜员礼仪

（1）准备餐台上所需的各项餐具、餐盘及器皿，并及时补充。

（2）在餐厅营业之前，将各式菜肴摆放到位，并摆上正确的菜卡；随时注意用餐人数及食物存量，适时补充短缺菜肴。

（3）维护餐台区域的整洁，特别是服务叉匙、菜夹和底盘，一发现脏了或掉落，须立即更换。

（4）注意保温锅内温度的控制，及时补充热源。

（5）解答客人的有关疑问，并协助客人取菜。

（6）随时向厨房相关人员提供餐厅客人用餐状况，协助掌控出菜。

2. 服务员礼仪

（1）迎接客人，引导客人前往餐台取菜。

（2）负责餐区餐桌摆设及清洁。

（3）配合客人需求，增减餐具及座位，服务酒水饮料。

（4）客人用餐完毕后，负责将客人使用过的空餐盘收回，重新整理餐桌及摆设，以便为下一位客人提供服务。

（5）计算用餐人数，协助餐后结账服务。

四、"三吧"服务礼仪

"三吧"是指酒吧、茶吧、咖啡吧，其服务礼仪分述如下。

（一）酒吧服务礼仪

酒吧服务员和餐厅服务员虽同属餐饮类服务，但其工作内容是有区别的，除了完成餐厅服务员的工作任务，酒吧服务员还应做好以下工作。

（1）能熟练制作一般果盘、调制一般酒水；熟悉所有用具的使用方法；熟悉各类酒水的名称、价格、产地、喝法及一般保管知识。

（2）向客人展示和介绍酒单，为客人订酒，并提供酒水服务；为客人提供风味咖啡、鸡尾酒。

酒吧里的迎客入座服务礼仪与餐厅里的基本上一致，不再重复。

1. 点酒服务礼仪

客人坐好后，酒吧服务员应从方便客人的一侧双手送上酒单，然后准备好点酒单和笔，等候客人点酒。酒吧服务员一定要熟悉各种各样的酒，无论客人问起哪一种，都要能对答如流，并能根据各种酒的特性向客人提出建议。客人点酒时，要仔细倾听并完整记录客人提出的各项具体要求。对于一些细节问题，就算客人没有提起，也应主动询问客人并记录下来，还可向客人建议各种酒的最佳喝法。

客人点酒完毕，要向客人重述一遍点酒单上的内容，确保无误。

2. 上酒服务礼仪

酒吧服务员上酒时要用托盘，走路时要保持平稳，切不可摇摇晃晃，以免酒杯里的酒洒出，如图2-19所示。

图2-19　上酒服务礼仪

上酒时，应先将杯垫及纸巾放在桌面上易拿之处。

上酒时，一律使用托盘从客人的右侧上，以方便客人使用。拿酒杯时，要注意手指不要触及杯口。一般拿杯子下半部或杯脚，以示礼貌、卫生。

将酒杯端上桌时，不宜拿得过高，应按由低到高的顺序稳稳地将酒杯送到客人面前。放下酒杯时，动作要轻柔，不可将酒杯砸在桌面上，发出"哐"的响声。

上酒时要注意顺序，先宾后主、先女后男、先老后少，不可一次将一位客人的酒都上齐了，而另一位客人面前什么都还没有。

上酒时，要招呼一声："先生（女士），这是您要的××酒，请慢用。"这样做的目的是提醒客人注意，以免碰翻酒水饮料。

若客人点的是整瓶的酒，斟酒前应左手持瓶底，右手持酒的颈部，将有酒名厂牌的一面向客人展示，客人认可后，再当面打开瓶塞。酒吧服务员要熟悉各种酒适合用什么酒杯、不同的酒杯斟酒应斟到何种程度。为客人斟酒时，要注意姿势，手不要颤抖，以免将酒洒出。

3. 其他服务礼仪

斟完酒后，酒吧服务员应退到一旁待命，绝不能偷听客人之间的谈话，应主动回避。在此过程中，若客人另有需要，应立即上前询问。

酒吧服务员一旦发现客人的酒已喝完，应立即上前为客人再次斟上，同时将已喝完的空酒杯以及其他杂物撤下，并询问客人是否还需要其他服务。

对已有醉意、情绪激动的客人，应提醒并劝阻客人不要喝得过多。劝阻客人的时候要沉着、有耐心，在任何情况下都要以礼相待。

4. 结账送客服务礼仪

除非客人示意结账，切不可催促客人结账，酒吧是一个开放的场所，只要客人愿意，酒吧服务员就不能将其"赶"走。

客人示意结账时，用托盘将账单送到客人面前请客人过目。此时，一定要注意是由哪位客人付账，不要给错了对象。为表示对客人的尊重，应将账单的正面朝下，反面朝上。

若客人用现金付款，应当着客人的面点清钱数，零钱和底单要还给客人。若客人用信用卡或支票付款，也要当面核对清楚。

客人离去时，要搀扶着已有醉意的客人，并帮助其叫出租车，送客人上车后，服务员才可离去。

5. 调酒师的服务礼仪

调酒师主要负责饮品的调制和推销工作。在服务中，当客人到吧台前时，要主动微笑着问候："先生（女士），晚上好！"在吧台面为客人调制各种饮品时，要尊重客人的选择，按标准严格操作；讲究卫生，文明操作，摇晃调酒壶的动作要适度；态度认真，不敷衍随便；坚持站立服务，不背向客人，拿酒瓶时，应侧身进行，以示对客人的尊重。

对常来的客人要记住其爱好，热情地为他们提供喜爱的饮品。对熟客、女宾不要显得过分热情，以免引起其他客人的不满，注意做到一视同仁，真诚服务。

遇到孤身客人，为使他不感到寂寞，可适当地陪他聊天，但要顺着客人的意思讲，不可喧宾夺主，以示尊重。

客人之间谈话时，不可侧耳旁听，更不能打断插话。客人低声交谈时，应主动回避。

调酒服务中，不能将胳膊支撑在柜台上，也不可双手交叉或斜倚酒柜，不得在吧台饮食，也不要与同事聊天，这些都是失礼之举。客人离去时，要热情道别，欢迎再次光临。

（二）茶吧服务礼仪

我国很早以前的茶楼酒馆，就有一边喝茶吃饭，一边听音乐的传统习惯。现在的茶吧是从过去茶楼酒馆的传统习惯演变过来的。在饭店的茶吧中，身处缭绕的香气之中，伴着优美的古筝曲，会让人产生愉快、舒适、亲切、安详感。茶吧服务员要懂得茶座服务的知识和程序，并掌握服务技能。服务员要了解不同地区、不同国籍的客人对饮料、食品的喜好，要懂得一些音乐知识，至少了解茶吧演出的乐曲及当天节目的内容，以便解答客人的询问。

茶吧服务礼仪如下：

（1）服务员要热情接待客人，并根据客人的特点和需要，将客人引领到适当的座位。客人所持入场券包括酒水和食品的，应迅速将酒水和食品送到客人桌上；如果客人的入场券不包括酒水和食品，应礼貌地征求客人意见，看客人需要什么酒水和食品，问清楚后，尽快把酒水和食品送到客人桌上。

（2）服务员要细心观察客人的动态，以便随时提供客人所需要的服务；如客人需要添加饮料、提出询问或离开茶吧等，都要及时提供服务；服务员还要维持好茶吧的场内秩序。

（3）茶吧结束营业时，全体服务人员要站到门口欢送客人，表示谢意，并欢迎再次光临。非本店住客离去时，要帮助客人叫出租车，送客人上车，并致谢。

（4）服务员要保持茶吧的环境卫生和个人卫生，保持场地清洁，使客人在整洁、清静的环境中享受快乐。每天开业前要检查环境和个人卫生，结束后要打扫场内卫生。每周进行两次卫生大清扫，以保持环境整洁。

（三）咖啡吧服务礼仪

咖啡吧是一种规格较低的小型西餐厅，根据不同的设计形式，有的也叫咖啡屋、咖啡间、咖啡廊等。咖啡吧供应的食品比较简单，如面包、三明治、色拉及一些地方小吃，如图2-20所示。

图2-20　咖啡吧食物

咖啡吧一般营业时间较长，甚至24小时营业，服务员必须有充足的睡眠，以饱满的精神迎接客人。

开门迎客前要做好一切准备工作，如清洁咖啡杯、水杯、盘、碟刀、叉、匙、面包篮，准备好咖啡、鲜奶、牛油、果酱、盐盅、胡椒盅等。

咖啡吧是客人的重要活动场所，如业务会见、商务洽谈、交朋会友等。对于不同类型的客人都要耐心细致地服务，不可有任何不友好的表示。对于消费时间长的客人，可以多征询几次客人还需要什么帮助。

对赶时间的客人，服务一定要快，千万不可让客人等的时间太长，最好能符合客人的要求，尽快为客人服务。

对悠闲自在的客人，要认真给他们点菜写单，逐一上菜，为客人营造一个良好的气氛，让他们尽情享受美好的情调。对睡眼惺忪的客人，由于他们的神态还没有完全清醒过来，对他们的服务一定要细心。他们所点的食品要复述清楚，避免发生误会。

1. 咖啡吧服务要点

纸垫式菜单置于餐位正中，纸垫式菜单的规格通常是 30～40 厘米。

摆餐巾盘花于纸垫式菜单中，右侧放置餐刀；餐刀离桌边 8 厘米，刀刃向左；左侧置餐叉，离桌边 8 厘米，叉齿向上；餐刀、餐叉之间相距 20 厘米。

在餐巾盘花的正上方摆放甜品匙，匙把向右；在餐叉的左摆面包盘，面包盘的中心与盘花的中心平齐，盘边距餐叉 1 厘米，在面包盘靠右侧边沿处摆放黄油刀，刀刃向面包盘盘心；黄油盅摆放在离黄油刀尖端 6 厘米的地方。

咖啡杯具置于餐刀右侧；咖啡碟的边缘距餐刀 5 厘米，咖啡碟的中心与餐巾盘花中心平齐；咖啡杯倒扣于咖啡碟中（用时翻过来），因为早餐摆桌大多在前一天晚上进行，杯口朝下可以避免灰尘落入，杯柄朝向右下方；咖啡匙置于咖啡碟上并靠在咖啡杯右侧，匙柄向餐椅垂直于桌边。

在餐刀刀尖正上方 6 厘米处摆果汁饮料杯。

2. 咖啡吧服务礼仪

（1）迎接客人。保持正确的站立姿势和仪容仪表，面带微笑并向客人致以问候："早上好，先生（女士）！"询问客人的人数并记录在工作日记上，以便做好免费用早餐人数和早餐实际营业额的统计工作。

（2）引领客人入座。根据客人人数及其特殊要求为客人安排餐桌，并询问客人是否满意；按照女士优先的原则为客人拉椅入座。

（3）餐巾与菜单服务。站在客人右侧，为客人铺好餐巾；将早餐菜单打开到第 1 页，按女士优先的原则，用右手从客人的右侧为客人送上菜单，并预祝客人用餐愉快。

（4）早餐服务。向客人问候，询问客人是否要咖啡或茶，主动介绍当日新鲜果汁、咖啡或茶；站在客人右侧 0.5 米处，按女士优先的原则，征询客人是点菜还是吃自助餐；按顺时针方向请客人点菜，点菜结束时，复述一遍；根据客人所订的早餐种类提供相应的服务。

（5）自助早餐服务。客人就座后上咖啡或茶；客人到自助餐桌取所需食品；如果客人没有额外的散餐需求，可提前为客人准备好账单。

（6）欧陆式早餐服务。客人就座后服务咖啡或茶；询问客人所需果汁的种类；询问客人要面包还是焙面包片。

（7）英式早餐服务。客人入座后服务咖啡或茶；询问客人所需果汁或水果的种类；询问客人所需面包的品种（丹麦包、牛角包、小松饼、烤面包片或大麦面包）；询问客人所需蛋类、肉类及鱼类等的烹制方法和特殊要求；英式早餐按照热饮、果汁、面包、谷类食物、蛋类食物、甜食的次序上菜和服务。

（8）日式早餐服务（时令水果、海鲜类、日式泡菜、日式清茶等）。必须向客人说明日式早餐需要准备的时间；客人就座后服务日式清茶；准备日式早餐所需的一切餐具；将餐具及订单的厨房一联送入厨房；将食品送入餐厅，为客人服务。

（9）中式早餐服务。客人入座后上茶；问客人所需粥和点心的品种；将订单送入厨房制作食品；根据客人所点菜品调整餐具；将食品送入餐厅；及时为客人撤掉空碗和空杯，添咖啡或茶。

（10）结账并礼貌送客。提前检查账单，保证准确无误；准备好笔和账单夹；按照结账程序和规范为客人结账；客人准备离去时，主动为客人拉开餐椅；及时检查餐桌上遗留的物品；欢迎客人再次光临。

任务四　饭店保安部接待服务礼仪

> 礼貌是最容易做到的事，是最珍贵的东西。
>
> ——冈察尔

案例导入

在某个星级酒店，一天上午9时左右，客房部服务员在楼层上碰到一名走向电梯的客人。该客人很匆忙地对服务员讲，马上送两袋茶叶到1616房间去。服务员答应后马上回工作间领取茶叶，接着按照开门程序，进入1616房间，房内没有客人。在服务员刚刚进入房间后几秒钟，在楼层上碰到的那位先生匆忙返回，声称有东西忘记了，并在房间内找了找，随后同服务员一同离开了房间。看起来这仅仅是一次平常的补充消耗品的服务行为。过了约半个小时，1616房的两位客人回来。此时，服务员已经意识到这两位客人并不是刚刚进入房间的那个客人。紧接着这两位客人就发现房间的笔记本电脑和现金不见了！这究竟是怎么回事？原来，在服务员送茶叶进房间的瞬间，进入客房的是两个人，而服务员只注意了在楼层上碰到的那个人，另一个人则趁服务员不备，躲进了卫生间。服务员与"客人"一起出来时，却把另外一个人留在了房间内。事后从监控设备中确认：留在卫生间的人在房间作案后大摇大摆地离开了房间。

案例分析：

这个案例说明，服务员不仅要能够提供优质的服务，还应严格按照操作程序进行服务。上述案例中，犯罪嫌疑人精心设计了这起偷盗，但不管客人采用哪种方式进入房间，如果服务员能够严格照开门程序操作与客人核对身份，就可以避免该事件的发生。

问题探究

饭店保安部是饭店的一个重要职能部门，负责保障客人的人身安全、财产安全、心理安全及员工和饭店的安全，其管理范围几乎涉及饭店的各个部门和区域，是饭店进行正常经营的前提和保证，其中在保障客人安全方面应注意礼貌服务。

 ## 一、饭店安全管理的性质

饭店安全管理工作的执行机构是饭店保安部。它是基层治安组织。饭店保安部是饭店的保卫组织，是负责饭店安全保卫工作的职能部门，全面负责饭店的安全工作，同时又是我国各级公关保卫组织体系中的一个组成部分，依法协助公安机关侦破治安、刑事案件。它在破案过程中所收集的证据材料具有一定的法律作用。饭店保安部由本单位和公安机关共同领导。

根据公安部门的有关规定及饭店保安部自身的性质，饭店保安部享有一定的案件侦破权。

 ## 二、饭店安全管理的特点

（一）饭店安全管理的复杂性

现代饭店是一个综合性的服务场所，它不仅是客人食宿的地方，还是客人进行商务活动、社交活动和娱乐的场所。因此，来店住宿的人员复杂，流动性大。饭店安全管理的复杂性除体现在人员方面外，还体现在安全管理的内容上，如防火、防盗、防食物中毒、防暴、防黄、防赌、防毒、防突发事件等。

（二）饭店安全管理的政策性

饭店安全管理的复杂性，决定了饭店安全管理具有很强的政策性。饭店安全工作，既要维护客人的合法权益，又要对一些触犯法规的人员进行适当的处理。保安部在处理这类事件中需要分清是属于刑事范畴，还是属于治安范畴，是国内人员，还是外国人。另外，还涉及民族、宗教等多方面的问题。因此，保安部要根据不同的对象、不同性质的问题，采用不同的法规和政策处理。公安机关和饭店在研究和实施加强对饭店的安全防范措施中，既要不违背我国的法律规定，又要注意内外有别，按国际惯例办事。

（三）饭店安全管理的时间性

由于侵害饭店安全的因素是客观的，安全工作不是一朝一夕就能做好的，必须作为一项长期工作来抓，做到常抓不懈，因而它具有长期性；从微观、具体侵害来看，如遇到火险、爆炸、食物中毒等紧急情况，就必须做出迅速反应和处理，这又反映出时间的紧迫性。因此，饭店的安全保卫工作的时间性体现在长期性和紧迫性。

（四）饭店安全管理的广泛性

饭店的安全管理广泛性，对内涉及饭店的每个部门、每个岗位和每名员工；对外涉及来自不同地域的客人；安全内容上涉及治安、消防、交通、外国人管理、社会治安综合治理以及国家安全等方面，因而饭店安全管理具有广泛性特点。

饭店安全管理工作虽然由保安部主要负责，但由于饭店的特点，必须要有各部门的通力合作，还必须依靠全体员工的共同努力。保安部要将安全工作与各部门的岗位职责、任务结合起来在饭店形成一个安全工作的网络。只有饭店各级领导和全体员工都增强安全管理意识，本着"外松内紧"的管理原则高度重视，饭店安全才能有保障。

（五）饭店安全管理的敏感性

由于饭店客人来自四面八方、不同行业和各个阶层，很多客人与新闻媒体有密切的关系，安全管理工作稍有不慎或出现问题，便有可能在全国乃至国外传播开来，造成难以挽回的影响。

（六）饭店安全管理的服务性

饭店是以服务为宗旨的，饭店安全工作是整个饭店工作的重要组成部分。饭店所做的安全工作，就是为客人提供一个安全的环境，使客人的人身、财产获得安全保障。因而饭店安全要寓于服务之中，在开展安全保卫工作过程中必须贯穿服务的思想。没有优质服务，就很难取得客人和其他工作部门的支持，保卫工作的任务也就很难完成。所以，饭店的安全保卫工作要同开展优质服务紧密结合起来。

三、安全保卫服务礼仪

（一）门卫服务礼仪

饭店大门的门卫既是迎宾员，又是经过安全训练的安全员。门卫在上岗时应服饰整洁、举止稳重、仪态威武，对待客人礼貌迎送，答复询问不厌其烦，文明礼貌、有条不紊地指挥车辆，使客车道和停车场车辆进出井然有序同时，能用眼光观察、识别可疑分子及可疑的活动。

专职保安巡逻员是与门卫密切配合负责饭店大门及门厅安全巡视的人员，负责对进出的人流、门厅里的各种活动进行监视。如发现行为可疑的客人，应礼貌进行盘查或监控，没有特殊情况和未经批准，不允许随意扣押宾客证件，更不允许随便限制客人的人身自由。

大厅的电梯服务员应礼貌迎送并协助客人合理安排电梯上下，尽快疏散人流，保证客人安全。同时，学会发现、识别可疑人物进入客房楼层，与在楼层巡视的保安人员配合，对进入客房楼层的可疑人物进行监视，必要时采取行动制止违法或犯罪行为。

（二）客房安全服务人员服务礼仪

1. 客房安全服务人员的工作任务

检查有关安全的设施设备，保证其正常运转。要及时检查楼层及客房的安全装置和其设备设施的安全性能，尤其是防火防盗设施，保证其正常运转或需要启用时能正常发挥作用。

督促客房服务员加强安全防范工作，消除安全隐患。客房服务员是接触客房最多、最了解客房情况的人，他们的工作过程也是客房安全服务的过程；清除卫生间地面的积水，防止客人滑倒；发现电线老化要及时更新，防止客人触电；督促领班认真查房；纠正服务员工作不细致可能带来的安全问题，使客人入住时安全更有保障。

保护客房财产安全，不仅是保护客人安全，也是保护饭店财产安全。

2. 客房安全服务人员的服务礼仪

客房楼层保安人员应认真进行日常巡视。在巡视中，应注意走道上有无徘徊的外来陌生人及不应该进入客房或客房区的饭店员工，同时应注意客房的门是否关好、锁好。如发现某客房的门虚掩，应礼貌地提醒客人关上门；如客人不在房内，可直接进入客房检查是否有不正常的现象。任何进入客房区域的饭店员工都有责任随时注意可疑的人和物，如发现不正常情况应及时向保安部报告，以保证安全。

楼层领班一定要密切注意进出楼层的一切人员，发现可疑情况及时与保安部取得联系，并配合保安部的一切行动。

若遇有人前来称自己忘带钥匙了，不可轻易相信，应要求客人出示相关证件，如身份证、工作证及在饭店开房的单据等，认真核对无误后，才能给客人开门。若客人什么证件都没有，应立即报告上级主管，再采取措施。

若有人前来拜访客人，而客人恰好在此时出门了，楼层领班可请来人先在大厅等候，切不可自作主张，请客人进房等候。

楼层领班还应到各处巡查，发现安全隐患及时通知维修人员，避免事故发生。

为保障客人心理上的安全感，在饭店保证必要的防盗和消防设施完好的基础上，服务人员在服务时应注意礼貌规范服务，避免因种种服务不当行为使客人心理上产生不安全感，如收费不合理，价格不公道，不敲门进房，随便翻动客人的东西，不恰当地询问，随意查房，饭店气氛过于紧张，禁止通行、闲人莫入、此路不通的标志随处可见，保安人员表情严肃、态度生硬等。

安全对于客房工作是不可轻视的。安全工作做不好，前面所提到的服务都无从谈起，因此，客房的安全工作就要从严、从细抓起。服务人员都要严格按照客房部所规定的安全操作制度、防火制度、房卡管理制度、来客访问制度、开房门制度等来操作。例如，在平时工作中，见了陌生人要细心询问、发现不良事件要及时报告、房卡要随身携带、为客人开门要核对身份等，从而多渠道防止不安全事件的发生，保证客人及饭店人身财产的安全。

思考与训练

一、简答题

1. 简述中餐的服务礼仪。
2. 简述西餐的服务礼仪。
3. 前厅有哪些岗位服务礼仪？
4. 当你正在为一位客人办理入住手续时，面前的两部电话铃同时响起，你该怎么处理才是最合理的呢？
5. 保安人员在巡查过程中发现入住客人有疑似违法行为，应该怎么做？
6. 饭店中常常会有喝醉酒的客人，饭店发生的火灾事故中有相当比例都是由于客人酒后乱扔烟头造成的，你认为应该如何接待醉酒的客人呢？

二、思考题

1. 一天晚上，饭店中餐厅10号桌有三位客人正在就餐。专司茶水服务的"茶博士"小袁用四川铜壶倒好八宝茶后，准备去为其他刚进餐厅的客人服务。忽然，其中一位客人对小袁大声说道："这八宝茶不够烫！"小袁闻声后旋即转身，对客人说："对不起，先生，壶中的水是刚从开水炉加的，您要是不信的话，请试一下茶碗中的水。"边说边用原来的那把四川铜壶在另一只茶碗中注满水。那位客人马上去拿茶碗，想鉴定壶中的水是不是够烫，但他发现注满水的茶碗烫得难以用手握住。在事实面前，那位大声叫嚷的客人无言以对。

过了一会儿，值台服务员小秦将客人所点的四碟凉菜送上10号桌。桌上的另一位客人又嚷嚷开了："是不是想咸死我们？"小秦发现客人话中带刺，不像是普通的客人投诉，当即明白这几位客人不是爱挑剔就是在无理取闹。

思考： 如果你是小秦，应该如何应对这些故意挑的客人呢？

2. 法国巴黎旺都广场上的里兹大酒店是一家在西欧国家喻户晓的酒店。在一个阳光明媚的午后，一辆崭新的出租车停在了里兹大酒店的门口，迎宾员马修先生立刻上前为客人打开了车门。马修先生每天都要去几次前台的客房预订处了解客人的情况，所以虽然此时并未与客人见面，但是他已经估计出来客是谁了。他有惊人的记忆力，即使是仅仅听说过一次的客人，他也能印在脑海里。在客人从出租车上走下来的同时，马修先生立刻用最快的速度将出租车的号码和客人携带行李的件数记在了记事本上。

巴黎共有145 000辆出租车，如果客人有行李落在了出租车上，没有比根据记事本上的号码找到出租车更方便的了，记下从出租车上取下的行李件数的目的在于，当客人发现缺少了东西时，通过记事本就可以立刻弄明白行李究竟是丢失在了酒店还是别的什么地方。

里兹大酒店正是依靠包括马修先生在内的全部优秀员工的聪明才智和他们对酒店的一片忠诚，才得以在竞争异常激烈的巴黎饭店业中始终保持领先地位。

思考：

（1）这个案例对饭店的启示是什么？

（2）马修先生的与众不同之处是否有意义？为什么？

本项目学习了饭店的接待服务礼仪知识。

建议学习总结应包含以下主要因素：

1. 你在本项目中学到什么？

2. 你在团队共同学习的过程中，曾扮演过什么角色？对组长分配的任务你完成得怎么样？

3. 对自己的学习结果满意吗？如果不满意，那你还需要从哪几个方面努力？对接下来学习有何打算？

4. 学习过程中经验的记录与交流（组内）。

5. 你觉得这个课程哪里最有趣，哪里最无聊？

饭店的接待服务礼仪

项目三　餐饮服务礼仪

项目导入

餐厅在饭店当中扮演着非常重要的角色，不仅餐饮部的收入在饭店收入中占了相当大的比例，餐厅本身也是饭店营销的招牌。餐厅服务质量的好与坏，将直接影响客人对饭店的评价。礼节礼貌是餐饮服务当中不可或缺的一部分，它渗透在餐饮服务的方方面面，贯穿于餐饮服务的始终。在餐厅服务中，从经理到员工，每个人都是"礼仪大使"，每个人都必须把顾客放到"贵宾"的位置上来对待。

知识目标

1. 明确餐饮服务礼仪的重要性及相关内容。
2. 掌握餐饮服务流程中的礼仪知识。
3. 掌握餐饮接待服务礼仪知识。

能力目标

1. 根据餐饮服务礼仪的规范要求，培养符合岗位要求的员工。
2. 通过餐饮部服务人员的接待服务礼仪知识在服务中应用的实训操练，培养相关专业技能。

思政目标

结合餐饮服务礼仪教学内容，依照行业道德规范或标准，分析从业人员服务行为的标准与规范程度，强化职业道德素质。

任务一　餐饮服务礼仪概述

> 每个人的工作，不管是文学、音乐、美术、建筑还是其他工作，都是自己的一幅画像。
>
> ——勃特勒·S

案例导入

小李是某三星级饭店餐饮部的服务员。一次，有三位客人在饭店就餐，点了很多菜。当最后一道菜上来时，小李发现餐桌上已经没有足够的空间放下新的菜品了，于是她不假思索地就把新上的菜放在了客人吃的还剩一个肘子的"海参扒肘子"的餐盘上。其中一位客人发现后，半开玩笑地对小李说："小姐，我们这道还没有吃完，你怎么就把菜放到上面了？"小李当天的心情不好，听到客人说的话，更是不舒服，于是就顶了一句："到这儿来吃饭，还在乎这么一个肘子吗？又不是没有钱。"客人本来开玩笑，经小李这么一说，笑意全无。于是，两个人争吵起来。客人觉得面子上很过不去，就向餐厅经理投诉，小李受到经理的批评，向客人道歉。酒店重新做了一盘"海参扒肘子"送给客人。

案例分析：

有位哲人说："如果你赢了一场争吵，你便失去了一位朋友。"在饭店中，"如果服务员赢了客人，那无异于在客人脸上打了一记耳光，把客人赶走"。在饭店中，客人与员工之间是很少发生摩擦的。一般而言，员工都是有耐心、有礼貌的。坐落在泰国首都曼谷的东方饭店规定，员工不能与客人争吵，如果发现谁与客人争吵，就立即解雇。所以该饭店的员工对待客人都彬彬有礼、态度和蔼，这为饭店树立了良好的形象，很多客人慕名而来。东方饭店也因此被美国权威的《公共事业投资者》杂志评为"世界最佳饭店宾馆"。

问题探究

在现代社会，饭店日益发展，人们与饭店的联系越来越多，对服务水平的要求越来越高，饭店的服务礼仪是服务质量、服务态度的直接表现，其中餐饮服务水平及服务礼仪更是饭店服务水平的缩影。

一、认识餐饮服务礼仪

餐饮服务礼仪，是指在餐饮服务工作中形成的在工作岗位上向客人提供服务时的共同认可的礼节和仪式，它伴随着服务标准的展示，贯穿在服务流程之中，是衡量饭店服务质量的重要标志之一。

二、餐饮服务人员为什么要注重仪容、仪表、仪态

每位顾客对餐厅的印象和评价，除来自菜肴质量及环境设施等方面的硬件因素外，更在于该餐厅服务人员的服务质量。

对于风格相似、菜肴品种基本相同的餐厅来说，影响顾客做出就餐选择的主要因素，是其服务质量的优劣。要想吸引更多的顾客，就必须为顾客提供更好的服务。因此，餐厅服务人员必须给顾客提供高质量的服务。

在服务中，要注重礼仪礼节、讲究仪表、举止、态度，执行餐饮服务业各种特定的操作规范。餐馆服务人员所展示出来的主动、热情、周到，虽然是服务的外在表现，但它能使顾客从精神、心理上享受到无形的服务。

餐饮服务人员，应当以身作则把自己看作餐馆的"形象大使"，不断培养、提高自己的礼仪修养，以礼貌服务得顾客的青睐。

餐饮服务人员应随时注意自己的仪表、仪容和仪态，这是由其工作性质决定的。

（一）良好的仪表、仪容是餐饮服务人员的基本素质要求

饭店服务人员的工作就是面向顾客并为其服务，而客人获得的第一印象常常来源于接待者的衣着打扮。整洁美观的服饰、端庄大方的仪容，既是员工自尊自爱的体现，也是职业荣誉感和对客人服务责任感的反映。员工的仪表反映了一个饭店的档次，档次决定了价格，价格产生了效益，这是一个连锁反应。也就是说，饭店从业人员的仪表、仪容在一定程度上体现了饭店的服务形象。因此，为了向客人提供优质的、令人满意的服务，饭店从业人员除了具备良好的职业道德、广博的业务知识和熟练的专业技能，还要注重仪表、仪容，这是餐饮服务人员的基本素质要求。

（二）餐饮服务人员的仪表、仪容反映了企业的管理水平和服务水平

在餐饮行业激烈竞争的今天，各家店的硬件（酒店的设施设备）水平都已大为改善，日趋完美，由此，作为软件的服务人员的素质对服务水平的影响就更大了，甚至成为决定其成败的关键。服务人员的仪表、仪容在一定程度上反映了服务人员的素质。因此，在国内外的饭店星级评定标准中，通常都将员工仪表、仪容的考核内容，作为评定饭店管理水平和服务水平的重要依据之一。

我们总是把家人和朋友一起到餐厅吃饭视为精神和物质的双重享受。如果遇上说话粗俗、不讲礼貌的服务员，很多人就会认为该餐厅的管理太差，以后再也不光顾了。事实证明，服务质量的高低，很大程度上表现在服务人员的礼貌上。服务人员在为宾客提供服务的过程中，能否适度地展现文明礼貌，客人对此非常敏感。同时，客人总是把服务人员态度的好坏与整个餐馆的管理联系起来，然后自觉不自觉地带到各地去宣传。

（三）良好的仪表、仪容，是尊重顾客的需要

注重仪表、仪容是讲究礼貌礼节的一种具体表现，是礼貌服务的基本要求，也是尊重宾客的需要。它不仅能满足客人视觉美的需要，同时也使客人感到自己的身份和地位得到了承认，使其受到尊重的心理得到了满足。

（四）良好仪表、仪容反映了员工的自尊自爱

爱美之心人皆有之，每个服务人员都想得到客人对自己的称赞，所以良好的仪表、仪容既能表示对宾客的尊重，又能体现自尊自爱。

餐饮行业提倡端庄大方的仪表和整洁美观的仪容，要求餐饮从业人员要通过不断学习，加强文化修养和道德修养，培养高尚的审美观，在实践中提高自身素质，在岗位上展示良好精神风貌。

总之，服务人员的仪表、仪容不仅仅是个人形象问题，而且反映了一个国家或一个民族的道德水准、文明程度、文化修养、精神面貌和生活水平。

（五）微笑礼仪是企业最好的"名片"

俗话说："没有笑颜不开店。"微笑可以得高朋满座，带来更大的经济效益。世界上不少著名的企业家深晓微笑的作用，奉其为治店的法宝、企业的成功之道。

"希尔顿的微笑"不仅挽救了经济大萧条、大危机时代的希尔顿饭店，而且造就了遍及世界五大洲、近百家五星级饭店的希尔顿集团。举世瞩目的泰国东方饭店，曾数次摘取了"世界十佳饭店"的桂冠，其成功的秘诀之一就在于把"笑容可掬"列入迎宾待客的规范中。

餐厅服务人员既是个人，又代表餐厅，这两种角色彼此依赖又互相联系。如果每个服务人员都能做到微笑服务，客人不仅会对服务人员产生良好的印象，而且会将这一具体感受升

华到对餐厅的认可；反之，如果服务人员表情冷漠，不够主动热情，客人会认为服务人员态度不好，同样会影响餐厅的形象。餐厅要想在竞争中求生存、求发展，就必须做到微笑服务，以得更多消费者的青睐。

服务人员的微笑能带给客人轻松感，也体现了服务人员的热情，还可以促进与客人的沟通，了解客人的需求。服务人员在使用微笑服务礼仪时，应明白以下几点：

（1）微笑要符合标准。微笑的标准是"三米、八/六齿"，即别人在离你三米时就可以看到你迷人的微笑：面容和祥，嘴角微微上翘，露出上齿的八/六颗牙齿。注意要保持牙齿的清洁以表示尊重。

（2）微笑要发自内心。笑有多种多样，要笑得亲切、甜美、大方、得体，只有对顾客尊敬、友善并热爱自己所从事的工作，服务人员才会笑容满面地接待每一位顾客。

（3）微笑服务应当始终如一。微笑服务应作为一个规范贯穿于工作的全过程，并应对所有顾客都一样。

（4）笑要自然，因为顾客是"上帝"；笑要甜美，因为顾客是"财富"；笑要亲切，因为顾客是嘉宾。因此，职业素质要求餐厅服务人员能做到一到岗位就把个人的一切烦恼置于脑后，振作精神，微笑着为每一位顾客服务。

三、餐饮服务礼仪的内容

（一）良好的形象

餐饮服务人员应该注意自己的形象，注重仪表、仪容，这是礼仪礼貌服务的重要内容之一。

（1）应按规定着装（工作服），服装要整齐、清洁，并佩戴工牌标志上岗。

（2）上岗时不得佩戴手镯、耳环、戒指等饰品，不要留长指甲和抹指甲油，发型要端庄大方。

（3）站姿要飒爽、端正，给人以矫健、大方、优美之感。

（4）坐姿要稳重、文雅，给人以温和、端庄、雅观之感。

（5）行姿要潇洒、自然、大方，给人以轻捷、欢悦、洒脱之感。

（6）神态要安详、自然，笑容可掬，给人以热情洋溢、充满活力之感。

（二）爱岗敬业的精神

餐饮部通常由采购、厨房、餐厅、宴会厅和管事五个部分组成，工种繁多、机构庞大复杂，人员众多。从事餐饮服务的人员，必须充分认识到餐饮服务工作与其他工作一样，需要保证正常经营运转。只有热爱自己所从事的专业，在实践中逐步培养起对专业的浓厚兴趣，才能在本职工作岗位上端正工作态度，潜心钻研服务技巧。

（三）耐心周到的服务

餐饮服务人员绝不可漫不经心或在工作时走神，要认真负责。当需要加酒、撤盘或添加额外的调料时，要提前做好准备，使进餐者感到舒适，使得服务更加有条不紊。

（四）熟练运用专业操作技能

作为一名合格的餐饮服务人员，对主要菜系应该有基本的了解，这对于更好地向客人提供尽善尽美的服务，无疑是大有益处的。

中式菜肴有许多流派。其中最有影响和代表性的有鲁、川、粤、闽、苏、浙、湘、徽等菜系，即"八大菜系"。

1. 鲁菜

山东菜简称鲁菜，是黄河流域烹饪文化的代表。山东菜可分为济南风味菜、胶东风味菜、孔府菜和其他地区风味菜，并以济南菜为典型，包括煎炒烹炸、烧烩蒸扒、煮氽熏拌、溜炝酱腌等50多种烹饪方法。

济南风味菜以清香、脆嫩、味厚而纯正著称，特别精于制汤，清浊分明，堪称一绝。胶东风味菜亦称福山风味菜，包括烟台、青岛等胶东沿海地方风味菜。该风味菜精于海味，善做海鲜，且少用作料提味。此外，胶东风味菜在花色冷拼的拼制和花色热菜的烹制中，独具特色。孔府菜做工精细，烹调技法全面，尤以烧、炒、煨、炸、扒见长，而且制作过程复杂。以煨、炒、扒等技法烹制的菜肴，往往要经过三四道程序方能完成。"美食不如美器"，孔府历来十分讲究盛器，具备银、铜等名质餐具。此外，孔府菜的命名也极为讲究，寓意深远。

2. 川菜

四川菜简称川菜，历史悠久，风味独特，驰名中外。随着生产的发展和经济的繁荣，川菜在原有的基础上，吸收南北菜肴之长及官、商家宴菜品的优点，形成了北菜川烹、南菜川味的特点，享有"食在中国，味在四川"的美誉。

川菜讲究色、香、味、形，在"味"字上下功夫，以味的多、广、厚著称。川菜口味的组成，主要有麻、辣、咸、甜、酸、苦、香7种味道，巧妙搭配，灵活多变，创制出麻辣、酸辣、红油、白油等几十种各具特色的复合味，味别之多、调制之妙，堪称中外菜肴之首，从而赢得了"一菜一格，百菜百味"的称誉。

川菜在烹调方法上，善于根据原料、气候和食者的要求，具体掌握，灵活运用。38种川菜烹调方法中，现在流行的仍有炒、煎、炸、烧、腌、卤、煸、泡等30多种。在烹调方法中，特别以小煎小炒、干烧干煸见长。川菜与四川风景名胜一样闻名于世，扬名天下。

3. 粤菜

广东菜简称粤菜，由广州、潮州、东江菜三支地方菜构成。三支地方菜又有各自不同的特色。

广州菜是粤菜的主要组成部分，以味美色鲜、菜式丰盛而赢得"食在广州"的美誉。广州菜有三大特点：一是鸟兽虫鱼均为原料，烹调成形态各异的野味佳肴；二是即开刀、即烹和即席烹制，独具一格，吃起来新鲜火热；三是夏秋清淡、冬春香浓，深受大众的喜爱。

潮州菜在粤菜中占有重要的位置。潮州菜主要以海味、河鲜和畜禽为原料，擅烹以蔬果为原料的素菜，制作精妙，加工多样。制作方法可分为炒、烹、炸、焖、炖、烧、烤、焗、卤、熏、扣、泡、滚、拌，刀工讲究，汤菜功夫尤深，其中以清炖、红烧、汤泡最具特色。

东江菜又称客家菜，用料以肉类为主，原汁原味，讲求酥、软、香、浓。注重火功，以炖、烤、煲、焗见称，尤以砂锅菜见长。东江菜在做法上仍保留一些奇巧的烹饪技艺，具有古代中原的风貌。

4. 闽菜

闽菜的口味以鲜香为主，尤以"香""味"见长，其风格清鲜、和醇、荤香、不腻。其具有三大特色：一长于红糟调味；二长于制汤；三长于使用糖醋。

5. 苏菜

苏菜口味以清淡为主，用料严谨，注重配色，讲究造型，四季有别。烹调技艺以炖、焖、煨著称；重视调汤，保持原汁，口味平和；善用蔬菜。其中的淮扬菜，讲究选料和刀工，擅长制汤；苏南菜口味偏甜，善用香糟、黄酒调味。

6. 浙菜

浙菜口味以清淡为主。菜式小巧玲珑，清俊逸秀，菜品鲜美滑嫩，脆软清爽。运用香糟、黄酒调味。烹调技法丰富，尤其在烹制海鲜、河鲜时有其独到之处。口味清鲜脆嫩，保持原料的本色和真味。菜品形态讲究，精巧细腻，清秀雅丽。其中北部口味偏甜，西部口味偏辣，东南部口味偏咸。

7. 湘菜

湘菜的口味以香辣为主，品种繁多。色泽上油重色浓，讲求实惠；香辣、香鲜、软嫩。重视原料互相搭配，滋味互相渗透。湘菜调味尤重香辣。相对而言，湘菜的煨功夫更胜一筹，几乎达到炉火纯青的地步。煨，在色泽变化上可分为红煨和白煨，在调味方面有清汤煨、浓汤煨和奶汤煨，小火慢炖，原汁原味。

8. 徽菜

徽菜口味以鲜辣为主。擅长烧、炖、蒸，而爆、炒菜少，重油、重色、重火功。重火功是历来的，其独到之处集中体现于擅长烧、炖、熏、蒸类的功夫菜上，不同菜肴使用不同的控火技术，从而形成酥、嫩、香、鲜独特风味，其中最能体现徽式特色的是滑烧、清炖和生熏法。

（五）讲究各种服务礼节

餐饮服务中的礼节、依约定俗成的习惯及各种通行惯例形成，并且极其讲究，如图 3-1 所示。餐饮服务人员应做到以下几点。

图 3-1　讲求服务礼节

（1）嘴勤。餐饮服务人员要做到对用餐客人有问必答，有呼必应；主动向客人介绍和询问有关情况，及时应答。同时，餐饮服务人员要以一定的文化素养为基础，能根据当时的具体情况，适时地向客人介绍一些名菜的典故，不仅可以消除客人等菜时的无聊，而且可使其对尚未送上来的菜品产生极大的兴趣和食欲。

（2）眼勤。餐饮服务人员要眼观六路、耳听八方，如俗话中说的要"眼里有活儿"。根据客人的往来、进餐程度、举止行动，准确判断客人的要求，及时主动地提供服务。

（3）手勤和腿勤。餐饮服务人员要经常在自己负责的餐桌周围自然地走走看看，及时地端茶、擦桌、收盘、送菜等。

（六）掌握文明语言运用技巧

餐饮服务人员要讲究语言艺术，掌握文明语言运用技巧，语言力求准确、恰当，说话要语意完整，合乎语法。要依据场合，多用敬语，要注意语言、表情和行为的一致性。餐饮服务人员应在尽量讲普通话的基础上，学习和运用一至两门外语，以利于服务工作的开展。

任务二　餐饮服务流程中的礼仪

> 世上最廉价，而且能得到最大收益的一项物质，就是礼节。
>
> ——拿破仑·希尔

案例导入

教师节前夕，我们收到某公司天津分公司送来的请束，内容是邀请我们在教师节晚上参加公司举办的节日宴请。地点是在××宾馆新开业的中餐厅。那天，我们提前做了一番修饰，兴高采烈地准时赴宴。××宾馆的中餐厅装修豪华，富丽堂皇。迎宾小姐穿着紫红色的丝绒旗袍，优雅得体地将我们引领到宴会厅。主人更是像见到老朋友一样热情地欢迎我们。餐桌的餐具摆放、餐巾纸的式样构成了一幅美丽的图案画，烘托了节日的气氛。酒席开始，东道主致欢迎词。开始上菜，没想到，服务员首先上了一道热菜，我听到主人小声问服务员"我们的凉菜呢"，表情依然愉悦。接着传菜生又送上一道热菜，服务员暂且放在餐厅的候菜台上，约莫过了5分钟，凉菜还没有送上来。这时，我看到主人脸色开始不悦，让服务员别管凉热上桌来，免得冷场。服务员解释道："今天节日，客人较多，送错了餐厅，请原谅！"大家都不愿意破坏情绪，表示理解。这时，主人主动问大家喜欢不喜欢吃辣，我们说可以，他兴奋地告诉我们还有一道美味无比的"香辣蟹"，我们一起称："好！"没想到，等了又等，催了好几遍，这道菜还没有上来。主人开始不耐烦了，他让服务员把领班叫来，询问此事。领班到厨房了解情况才知道，菜单上漏写了这道菜。既没有准备，也没有备料，主人已经十分恼火了，最后，大家同意每人上一碗汤面，服务员满口答应，但是直到最后，依然没有满足我们的要求，以"我们的厨房做不了汤面"为理由回绝了。

案例分析：

餐厅服务人员的礼仪包括的内容很多，除了餐厅的优雅环境、餐具的摆放、席位的安排，服务人员的仪表、举止，还不可缺少的是服务人员的专业知识。这个案例是发生在我们身边真实的故事。尽管餐厅布置豪华,服务人员的仪表得体、礼貌周到,但是要:熟知先凉后热、先荤后素的原则;点菜后,要向客人重复菜单的菜名,以免疏漏;熟悉本餐厅的菜品的味道、烹制方法。这些都是中餐厅服务人员必须学习、掌握的专业技能;否则服务人员的态度再好也无济于事。

 问题探究

餐饮部是饭店一个重要服务部门,工种繁多、机构庞大复杂,人员众多。这就要求餐饮服务人员充分认识到餐饮服务工作与其他工作一样,都是饭店正常经营运转不可缺少的部分。餐饮服务人员的礼仪规范对餐饮服务工作起到重要作用。

一、餐前准备服务礼仪

(一)餐饮卫生

1. 环境卫生

整个餐厅的食品服务区和食品准备区,都应该做到卫生洁净、光线明亮、空气清新,让客人能感受到温馨、舒适和愉快。

2. 餐具卫生

餐具应按照规范程序进行清洁和消毒,服务人员在摆放餐具时要按规范动作操作,保证提供给客人安全卫生和完好的餐具。

3. 食品卫生

在食品制作和服务环节都应该讲究职业道德,严格按照食品卫生操作规范进行,让客人真正享受到安全卫生的可口食品。

(二)个人卫生

服务人员在上岗前,应做好个人卫生工作:头发整洁、无头屑,发型大方规范,厨师要戴工作帽;穿着全套制服,干净整齐,不佩戴饰物,仪容端庄大方;注意口腔卫生,不在工作时嚼口香糖、吃东西;勤洗手,不留长指甲,不在工作区梳头、修剪指甲。

二、迎领服务礼仪

迎领服务礼仪包括以下几个方面。

(1)在客人走近餐厅约3米时,应面带微笑注视客人;约1.5米时,热情问候客人,对熟悉的客人宜用姓氏打招呼。当男女宾客一起走进来，应先问候女宾，再问候男宾。

（2）征得同意后主动接过客人的衣帽，并放置保管好。

（3）问清客人有几位，是否有预订，对已预订的客人，要迅速查阅预订记录，将客人引到其所订的餐桌。如客人没有预订，应根据客人到达的人数、客人的喜好、年龄身份等情况安排合适的餐桌。

（4）迎领客人应注意"迎客走在前，送客走在后，客过要让道，同走不抢道"的基本礼仪。引领时应在宾客左前方1米左右的距离行走，并不时回头示意宾客。

（5）主动请宾客入座，按照先主宾后主人、先女宾后男宾、先年长者后年轻者的顺序拉椅让座。

（6）客人入座后，应及时递送消毒巾、茶水，并礼貌地招呼客人使用。递送时按顺时针方向从右到左进行，递送消毒巾要使用毛巾夹；端茶时要轻拿轻放，切忌用手指触及杯口。

（7）当餐厅内暂无空位，要向客人表示歉意，并询问客人是否愿意等候。如果客人表示可以等候，应让客人到休息室或想法设椅让客人暂坐等候；如果客人无意等候，应热情相送，并欢迎再来。

三、用餐服务礼仪

（一）点菜服务礼仪

（1）客人入座后，要立即递上干净、无污损的菜单。应双手递送菜单到客人面前，并说"请您点菜"。

（2）客人考虑点菜时，不应以不耐烦的语气或举动来催促，应耐心等候，让客人有充分的时间选择菜，如图3-2所示。

（3）为客人点菜时，应准备好纸和笔，微笑站立在客人一侧，认真记录客人点的每道菜肴和饮料，点菜结束后要复述一遍，杜绝差错。

（4）同客人说话时，要热情亲切，面带微笑，有问必答。当客人犹豫不定征求服务人员意见时，应视时间、客人人数、身份、就餐目的等具体情况，善解人意地为客人推荐合适的菜肴。

（5）了解每日菜肴供应情况，如果客人点的菜当日没有现货供应，则应礼貌致歉，求得宾客谅解，并向客人建议点其他类似的菜肴，防止出现客人连点几道菜均无货可供的尴尬局面。

图 3-2　点菜服务礼仪

（二）上菜服务礼仪

（1）餐厅服务要讲究效率，缩短客人的等候时间，一般客人点菜以后 10 分钟内凉菜要上齐，热菜不超过 20 分钟。传菜时必须使用托盘，热菜必须热上，凉菜必须凉上，如图 3-3 所示。

（2）传菜员对厨师做出的菜肴要做到"五不取"，即数量不足不取，温度不够不取，颜色不正不取，配料、调料不齐不取，器皿不洁、破损和不合乎规格的不取。

（3）服务人员要做到"三轻"，即走路轻、说话轻、操作轻。传菜时要做到端平走稳、汤

图 3-3　上菜服务礼仪

汁不洒、忙而不乱，上菜和撤菜动作要干净利落，做到轻、准、平、稳，不推、拉餐盘。

（4）上菜时要选择合适的位置，宜在陪座之间进行，不要在主宾和主人之间操作。同时报上菜名，必要时简要介绍菜肴的特色、典故、风味、食用方法等。

（5）如菜肴较多，一般在一道菜用过 1/3 以后再开始上下一道菜。每上一道菜，须将前一道菜移至副主人一侧，将新菜放在主宾、主人面前，以示尊重。菜上齐后，应礼貌告诉客人："菜已上齐，请慢用。"

（三）席间服务礼仪

（1）席间服务中，服务人员要做到"四勤"，即眼勤、嘴勤、手勤、腿勤。

（2）工作中要注意仪态，多人站立时，应站在适当的位置，排列成行。

（3）服务操作要按照规范要求，斟酒水在客人的右侧进行，上菜、派菜从客人左侧进

行，撤盘从客人右侧进行。服务顺序是先主宾后主人，先女宾后男宾，先主要客人后一般客人。如果是一个人服务，可先从主宾开始，按顺时针的顺序逐次服务；如果是两名服务人员同时服务，应一个从主宾开始，另一个从副主宾开始，依次绕台服务。

（4）为客人斟酒时，要先征得客人的同意，讲究规格和操作程序。凡是客人点用的酒水，开瓶前，应左手托瓶底，右手扶瓶颈，商标朝向主人，请其辨认核对选酒有无差错。这表现了对客人的尊重，也证明商品质量的可靠。

（5）斟酒量的多少，要根据酒的类别和要求确定。斟酒时手指不要触摸酒杯杯口；倒香槟或其他冰镇酒类，要使用餐巾包好酒瓶再倒，以免酒水喷或滴落到客人身上。

（6）派菜由看台服务员左手垫上布将热菜盘托起，右手使用派菜用的叉、匙，依次将热菜分派给宾客。派菜要掌握好数量，做到分派均匀，要做到"一勺准"，不允许把一勺菜分给两位宾客，更不允许从宾客的盘中往外拨菜。

（7）撤换餐具时要注意，当客人用过一种酒又要用另一种酒时，须更换酒具；装过鱼腥味菜品的餐具，在上其他类型菜时须更换；吃甜菜、甜汤之前须更换餐具；吃风味独特、调味特别的菜肴，要更换餐具；吃芡汁各异、味道有别的菜肴，要更换餐具；骨碟内骨渣超过三块时，须更换骨碟。

（8）更换餐具时，如果客人正在使用应稍等片刻或轻声询问，更换时动作要轻，不要将汤汁洒在客人身上。

（9）撤菜要征求客人的意见，撤盘一次不宜太多，以免发生意外。不要当着客人的面处理餐盘内的残物或把餐具堆起很高再撤掉。

（10）上点心、水果之前，要将餐台上用过的餐具撤掉，只留下花瓶、水杯、牙签筒。水果用完后，可撤掉水果盘、餐盘和刀叉，在餐桌上摆好鲜花，表示宴会结束。

四、结账服务礼仪

结账服务礼仪包括以下几个方面。

（1）客人用餐完毕要求结账时，应立即核实账单，核实无误后放在收款盘里或收款夹内，账单正面朝下，反面朝上，送至客人面前，请客人过目。

（2）当客人直接到收款台结账时，应客气地告诉客人收款台的位置，并用手势示意。

（3）如果是住店客人签字，要立即送上笔，同时有礼貌地请客人出示房卡。核实时，检查要认真，过目要迅速，并向客人表示感谢。

（4）客人起身离去时，应及时为客人拉开座椅，并注意观察和提醒客人不要遗忘随身物品。

（5）服务人员要送客人至餐厅门口，向客人礼貌道别，可说"再见""欢迎您再来"等，目送客人离去。

五、特殊情况服务礼仪

（一）客人投诉服务礼仪

（1）餐饮服务中遇到投诉，应礼貌、诚恳地接待客人，认真倾听客人反映的情况和意见。要及时向客人表示歉意，不得与客人争辩，并尽快将情况报告给有关管理人员。

（2）若投诉情况属实，不得推卸责任，应根据情况采取积极有效的措施及时改进，并请客人原谅，同时对客人提出意见和建议表示感谢。

（3）若客人因不了解菜肴风味或其他原因而投诉有误，不能讽刺讥笑，应礼貌机智地进行处理，态度和蔼、真诚，不能让客人感到尴尬。

（二）残障客人服务礼仪

（1）遇到残障客人用餐，应派专人进行接待服务，并选择合适的餐桌、座椅、餐具。

（2）对残障客人要尊重照顾、关心体贴、细致耐心，不能使客人觉得受到冷落或只是同情和怜悯，而应该让客人感受到温暖、热情、周到、快捷。

（3）在就餐过程中要关注客人，如果发现客人身体不适，应保持镇静，迅速报告主管，并立即打电话请医务人员来帮助。

（三）客人醉酒服务礼仪

（1）对客人饮酒过量的问题，应审时度势，灵活处理，既不能轻易得罪客人，又不能听任客人无节制地饮酒而闹事。要谨慎判断客人醉酒的程度并采取及时有效的措施。

（2）对有醉意、情绪变得激动的客人，要注意礼貌服务，不得怠慢，不得讽刺，服务要及时迅速。

（3）如果客人不停地要酒，并且言行已经开始失态，可以试着建议其饮一些不含酒精的饮料，同时及时报告主管和保安人员来帮助处理。

（4）如果醉酒客人提出一些非分要求，应根据具体情况礼貌婉转地予以回绝。将醉酒的客人尽快带离餐厅，以免影响其他客人。

（四）汤汁洒出服务礼仪

（1）操作时若不小心把汤汁洒在餐桌上，应立即向客人表示歉意，迅速用干净餐巾垫上或擦干净。

（2）如果汤汁洒在客人身上，应马上道歉，果断采取补救措施，用干净的毛巾替客人擦拭。如果是异性客人，应递由客人自己擦拭。根据污渍的大小和客人的态度，适时提出为客人洗涤衣物，并为客人找来准备替换的干净衣物。

（3）如果客人用餐中不小心把汤汁洒在餐桌上，应主动帮助客人处理。

任务三　餐饮接待服务礼仪

> 礼貌是人类共处的金钥匙。
>
> ——松苏内吉

案例导入

一位翻译带领4位德国客人走进了西安某三星级饭店的中餐厅。入座后，服务员开始让他们点菜。客人要了一些菜，还要了啤酒、矿泉水等饮料。突然，一位客人发出诧异的声音，原来他的啤酒杯有一道裂缝，啤酒顺着裂缝流到了桌子上。翻译急忙让服务员过来换杯。另一位客人用手指着眼前的小碟子让服务员看，原来小碟子上有一个缺口。翻译赶忙检查了遍桌上的餐具，发现碗、碟、瓷勺、啤酒杯等物均有不同程度的损坏，上面都有裂痕、缺口和瑕疵。翻译站起身把服务员叫到一旁说："这里的餐具怎么都有毛病？这可会影响外宾的情绪啊！""这批餐具早就该换了，最近太忙，还没来得及更换。您看其他桌上的餐具也有毛病。"服务员红着脸解释着。"这可不是理由啊！难道这么大的饭店连几套像样的餐具都找不出来吗？"翻译有点火了。"您别着急，我马上给您换新的餐具。"服务员急忙改口。翻译和外宾交谈后又对服务员说道："请你最好给我们换个地方，我的客人对这里的环境不太满意。"经与餐厅经理协商后，最后将这几位客人安排在小宴会厅用餐，餐具也使用质量好的，并根据客人的要求摆上了刀叉。望着桌上精美的餐具，喝着可口的啤酒，这几位宾客终于露出了笑容。

案例分析：

餐具的质量和清洁是餐前准备中应该重视的问题。餐具属于整个餐饮服务和餐饮产品的一部分，餐具的好坏直接关系到餐厅的服务水平好坏。星级酒店对餐具的要求应该更高，绝不应该出现案例中的情况。

问题探究

饭店作为服务行业，提升服务和形象的竞争力已经成为现代竞争的重要筹码。从某种意义上说，现代的市场竞争是一种形象竞争，企业要想树立良好的形象，高素质的员工、高质量的服务、每一位员工的礼仪修养，是必不可少的重要因素。

在服务中，只有把可信赖的质量和优良的服务结合起来，才能达到客户满意的效果。

一、中餐服务礼仪

（一）领位礼仪

客人进入餐厅时，迎候的服务人员应将其引领到餐桌前。

1. 做好充分的岗前准备工作

（1）提前到岗，迎候客人。

（2）开餐前5分钟在分管的岗位上等候开餐，用标准的站立姿势迎候客人。

（3）保持良好的精神状态，心情愉悦，微笑迎客。

2. 向每位客人打招呼

每位员工，无论多么忙、手上的事情多重要，都不可以对客人不闻不问，服务人员必须同客人打招呼，表示欢迎。

3. 主动迎接客人

（1）对老幼病残孕或行动不便者，要主动搀扶。

（2）在接待中引路、让座，都应让女客先行、先坐。

（3）如果餐厅座位已满或有的客人需要等人聚齐，可以先请客人在门口休息室或沙发上等候。

4. 迎送的顺序

（1）多人一起前来用餐，引送客人都要坚持先女宾后男宾、先主宾后随从的顺序。

（2）引送过程中，领位员应走在客人左前方，距离保持两步左右，速度适中，转弯时要伸手示意。

5. 询问客人的基本情况

（1）客人前来用餐，一般情况下要说："请问先生（小姐），一共几位？""先生（小姐），您有订餐吗？""您已订位了吗？"

（2）根据情况询问客人是否有预订，如果有预订要事先按照预订的人数准备好餐桌。

6. 征求意见，注意引位

（1）贵宾光临要安排到餐厅的最好位置。

（2）一对夫妇或恋人应安排在餐厅安静幽雅的地方就座。

（3）对带着孩子的客人，把他们安排在孩子的声音影响不到其他客人的餐桌比较合适。

（4）打扮漂亮的女性最好安排在其他客人能看到的座位上。

（5）几位男士一起就餐，可能有贸易之类的事情商谈，应该引到最靠近边角的位置。

（6）和其他客人并桌时，要先征求已经就餐的客人意见。

（7）男士或女士单独来用餐时，一般不喜欢在中间的餐桌上就餐，可以引到靠窗边的位置。

7. 入座服务细心周到

把客人引到餐桌边，先拉椅子帮助入座，顺序是先长辈、先女士。如果遇到需要宽衣的，主动协助并将脱下的衣服放到衣架上。

（二）点菜、上菜、斟酒礼仪

零点用餐是饭店的正餐，供应的菜肴丰盛，花色品种多样，可供各种年龄及不同饮食习惯的宾客挑选享用。最典型的服务礼仪为点菜、上菜、斟酒，服务人员在这几个环节上要努力做到热情、主动、耐心和周到，并规范操作。

1. 点菜服务礼仪

接受客人点菜是服务人员与客人沟通的关键环节。点菜的过程是服务人员与客人相互了解的过程，是客人审视餐厅经营特色和服务水准的过程。在这个过程中，服务人员既要提供服务，又要准确传递信息。

（1）点菜前的礼仪。

①客人来到座位前，要拉椅让座，主动问好。

②及时为客人送上香巾或餐巾纸、茶水和菜单。

③询问客人要点什么菜，并为客人斟好第一杯茶（图3-4），同时收回香巾。

④菜单可请客人先看，不必在客人坐下后就忙于点菜。

⑤当看台服务员正在服务时，可能会有新的客人被领到其服务区域，这时应先去招呼新到的客人，告诉他们很快就会来照料他们。

图3-4　倒茶水服务礼仪

（2）递菜单的礼仪。

①递菜单时应站立到客人座位的前左侧，点头微笑双手递上，一般先给女宾或长者。

②服务人员应熟悉菜单上的所有菜名，并善于介绍菜品及特色菜。

③了解客人的饮食习惯，并按"南甜、北咸、东辣、西酸"的规律来为不同地区的客人介绍菜单。

④介绍菜品时，注意使用礼貌用语。

⑤菜单呈上后，服务人员应离开桌子一会儿，让客人从容选择五六分钟后再回到桌边，和蔼地询问是否准备点菜。若客人还未准备好，就再等一会儿。

（3）点菜技巧。

①如果主人为自己邀请的客人点菜，应先从左边去招呼这位客人。

②如果主人请客人各自点菜，则应从主人右边的那个客人开始，或者从其中的一位女宾开始，有时也可以从已经准备好的那位客人开始。

③当客人拿不定主意时，要向客人介绍餐厅的风味特色和主要菜肴品种。

④客人请服务员帮助点菜时，要考虑客人的爱好、口味、经济条件等，不要一味向客人推荐价格高的菜肴，应该真诚服务，尽量让客人满意、开心、舒服。

⑤认真记录客人点菜内容，若有听不清或不明白的菜名，不要自作主张，应当礼貌地向客人问清楚。

⑥点菜完毕，应向客人复述一遍点菜内容，并将客人的特殊要求记在菜单上，如"不要太辣""不要蒜"等。

⑦客人点菜单上没有列出的菜肴，不可一口回绝，而应尽量满足其要求，可以礼貌地说："请允许我马上和厨师长商量下，尽量满足您的要求。"如果客人所点菜肴已无货供应，应致歉，求得客人谅解，并婉转建议客人点其他菜肴。

2. 上菜服务礼仪

上菜是一项技术性服务工作，服务人员应熟练掌握相关服务方法和技能，学会如何摆菜、分菜。

（1）上菜的服务礼仪。

①每上一道菜，按通常的礼节都是女士和年长的客人优先。

②上菜时，先从主人右边的第一主宾开始，按逆时针方向绕台依次进行。

③上菜时，不应再询问客人点了什么菜，而应从订单上了解他们个人选定的菜肴。

④按不同的服务方式，从规定的一边上菜。

⑤端盘子时，用四个手指托住盘子的下面，大拇指搭在盘子的边沿上，避免在菜盘上留下指纹。

⑥上菜、上点心时要将盘子放在客人面前一套餐具的中央。

⑦宴会上菜时应先端给客人看，同时报菜名或对菜肴进行简要介绍。

⑧上饮料时，不要从餐桌上拿起杯具或玻璃杯斟倒。

⑨在为靠墙的客人服务时，要先为坐在里面的客人服务，从比较方便、不影响客人的一侧上菜、上饮料，通常是用左手为坐在右侧的客人上菜，用右手为坐在左侧的客人上菜。

⑩每上一道菜肴前，应先撤掉上道菜的菜盘。撤盘前要征求客人意见。收盘时，要用右手从客人的右边撤下盘子，然后绕桌按逆时针方向依次从每位客人的右边撤下餐具。撤盘子时，要同时收拾纸屑和餐勺等餐具。上菜时，若烹调菜肴质量不合格，应诚恳致歉并解释，不能强词夺理、不接受意见。

（2）摆菜服务礼仪。

摆菜是上菜以后的重要一环。在上菜过程中要注意摆菜的位置，各种菜肴要对称摆放，讲究造型。

①总体而言，应按菜的数量和种类摆放。

②餐桌有转台时，所有冷菜一律摆放在转台上。

③将热菜中的主菜摆在餐桌中间。

④高档的菜或有特殊风味的菜，要先摆在主宾位置上。

⑤每上一道菜，都必须对桌上菜肴的位置进行调整，让台面始终保持整齐美观。

⑥一般宴席中的头菜，其看面要朝向正主位置，其他菜的看面则对向其他客人。

⑦摆菜时要使菜与客人保持适当的距离。

（3）分菜服务礼仪。

分菜是在宾客观赏菜肴后，由服务人员用服务叉、服务勺依次将热菜分让给宾客。分菜是宴会服务中技术性较强的工作。只有对各种菜肴的烹制方法、菜肴成型后的质地特点有很好的了解，才能熟练掌握分菜技术。

①分菜前的准备。

A.将菜托送至边台。

B.用干净餐巾将热菜托起。

C.若是长盘，则需放于左前臂上，用左手指尖挡住盘底边防止下滑，右手持服务叉、勺。

②分菜的顺序。

A.分菜的顺序应是先宾后主，即先给主宾分让，然后按顺时针方向依次分让。

B.若在宾客左侧操作，也是先给主宾分让，然后按逆时针方向依次分让。

C.在餐饮服务中，若用左手操作，则逆时针方向作业；若用右手操作，则顺时针方向作业。

3.斟酒礼仪

（1）点酒礼仪。

①客人要酒，服务人员必须动作优雅、态度温和，以示自重和对客人的尊重。

②递酒单。要从客人的右边递酒单或放在右边的桌上,服务人员站立在客人右边,稍弯腰记录客人的需要,写完后复述一遍并表示感谢。

③服务人员要熟悉酒名、年份、度数、瓶子大小、类型等。

(2)开瓶礼仪。

①开瓶前,将酒水瓶擦干净,检查酒水质量,发现悬浮物或浑浊时及时调换,将啤酒与饮料、白葡萄酒、香槟酒等放冷藏箱内降温或用冰桶降温。

②不同的酒有不同的开启方法,注意不能将酒洒在客人身上。对于瓶内压力大的酒(如香槟酒、啤酒),要注意用左手拿瓶颈,与地面呈45°,大拇指压紧瓶塞,用右手开启。

③开瓶时,站立在客人右手侧,身体稍侧,先向客人展示酒的商标后开塞,要注意瓶口始终不能对着客人。

④斟酒的顺序。一般聚餐应先从主宾开始依次进行。如果是宴会宴请,即由主人右边的主宾开始斟酒,最后才给主人斟酒,如果偕夫人参加要注意先给夫人斟酒。

⑤斟酒时应从客人右侧进行,注意不可站在同一位置为两位客人同时斟酒。

⑥开酒水瓶盖时,应在客人的侧后方朝外拉开。倒香槟酒或其他冰镇酒要用餐巾包好酒瓶再倒,以防酒水喷洒或滴落在客人身上。

二、西餐服务礼仪

(一)西餐厅与西餐席位礼仪

1. 西餐服务人员的仪表要求

西餐服务人员必须在工作中时刻注意自己的仪表,保持自己在客人心中良好的形象,这样才能树立饭店的良好声誉。

(1)衣着整齐。西餐服务人员的工作装格外讲究。服装要浆洗烫熨平整、穿戴得体规范。

(2)举止优雅。

(3)表情大方。服务人员的表情除了微笑,还要注意温文尔雅。

(4)容貌修饰得体。服务人员上岗前必须洗脸、修面、化妆,发式要洗理、吹做。

2. 西餐的席位礼仪

(1)在西餐礼仪中,女士优先的原则体现在女主人为第一主人,在主位就位,而男主人为第二主人,坐在第二主人的位置上。

(2)西餐厅上的席位尊卑是根据其距离主位的远近决定的。

(3)以右为尊,例如,一般男主宾安排在女主人右侧,女主宾在男主人右侧。

(4)西餐与中餐相同也是以面向门为上。面对餐厅正门的位子要高于背对餐厅正门的位子。

（5）西餐排列席位时，讲究交叉排列，即男女应当交叉排列，熟人和生人也应当交叉排列。一个就餐者的对面和两侧往往是异性或不熟悉的人，这样可以广交朋友。

3. 席位排列形式

（1）长桌排列。

①男、女主人在中间，相对而坐，长桌两端安排客人，如图3-5所示。

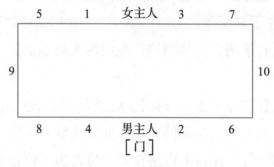

图 3-5　长桌排列（一）

②男、女主人在中间，相对而坐，长桌两端不安排客人，如图3-6所示。

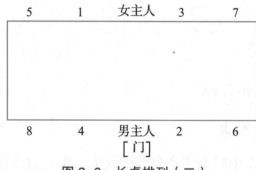

图 3-6　长桌排列（二）

③男、女主人分别坐在两端，如图3-7所示。

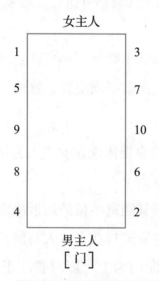

图 3-7　长桌排列（三）

④用餐人数多，可以把长桌拼成图3-8所示形状，以便大家一道用餐。

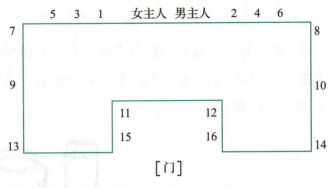

图3-8　长桌排列（四）

（2）圆桌排列。

圆桌排列如图3-9所示。

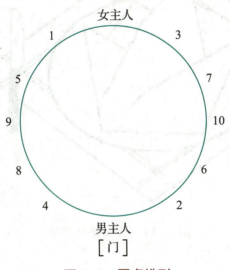

图3-9　圆桌排列

（3）方桌排列。

方桌排列如图3-10所示。

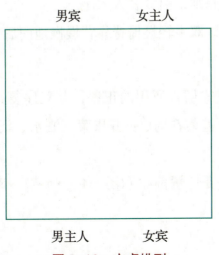

图3-10　方桌排列

（二）西餐摆台和基本服务礼仪

1. 摆台

西餐餐具有刀、叉、匙、盘、杯等。客人在就餐之前，首先看到的是西餐台布布置和餐具的摆放。西餐的餐具摆放十分讲究，它对营造餐厅的气氛和激发客人的就餐情绪起着直接的作用。西餐餐具的摆放如图3-11所示。

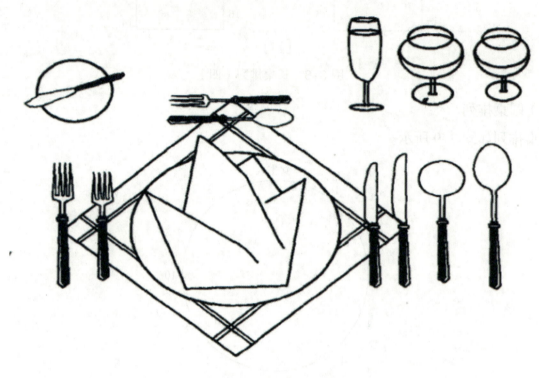

图3-11　西餐餐具摆放

2. 领位礼仪

（1）迎宾。西餐服务中的迎宾礼仪与中餐服务中的迎宾礼仪基本相同。

（2）引座。西餐服务中引座礼仪与中餐服务中的引座礼仪基本相同。

（3）入座。以女士优先为原则，引领客人入座。

（4）当客人从左侧入座时，双手轻握椅背靠背慢慢地向后拉。

3. 上菜及点菜服务礼仪

西餐的正餐，尤其是在正式场合所用的正餐，其菜序复杂多样，讲究甚多。在大多数情况下，西餐正餐的菜序由8道菜肴构成：开胃菜、酒水、汤、主菜、面包、甜品、果品、热饮。

正式的全套西餐上菜顺序是：餐前菜和汤→鱼→水果→肉类→乳酪→甜点和咖啡→水果→餐后酒。

（1）开胃酒、开胃菜。餐前酒即开胃酒，客人可口头点。上酒应从客人的右侧上，注意要遵循女士优先的原则。开胃菜与餐前酒同时上，使用小盘、小勺、小叉直接摆放在小盘上即可。

（2）递送菜单、酒单。在提供餐前酒服务后，适时地递上菜单、酒单；应从宾客左侧递送；应给客人充分考虑的时间。如果是男、女两位客人，要将菜单呈递给女客人。

（3）点菜服务。点菜时，要站在客人的左侧，上身略微前倾。介绍菜品时，不要用手指或笔尖指点菜单。

（4）在上汤以及其他菜肴、饮品时，应遵循西餐的有关规定掌握操作程序。

思考与练习

一、简答题

1. 餐饮服务人员需要具备哪些基本素质？结合自身情况阐述应该如何提升自我素质。
2. 餐饮服务人员常用礼貌服务用语有哪些？请结合具体情况阐述。
3. 餐饮服务人员为什么要具备相应的财务知识和营养知识？
4. 用餐服务礼仪包括哪几个部分？
5. 西餐点菜应该有人代点还是逐一进行？

二、思考题

1. 几年前，改革开放初期，澳大利亚大学的教授回访××大学，负责接待的小王连续安排了两顿中餐，出于礼节第三顿餐安排了西餐。一行人来到了餐厅，服务小姐礼貌地来到中国客人面前，请客人点菜。作为东道主，小王认为这是义不容辞的责任，点的菜都是餐厅中的高档菜品。几位澳大利亚的朋友相互交换了一下眼神，眼神中露出不解的疑问，小王很纳闷，不知什么意思。一会儿服务员又走到小王面前询问是否需要酒水。按照小王的意愿，每个来宾面前摆放一杯葡萄酒，一杯橘子水。正要举杯时，一位澳大利亚女士连说"NO，NO！"又连说："水，水！"看来她不喜欢小王的安排。牛排送上来后，又有一位男士要求服务人员重新煮，他要求牛排是三分熟的。随行一位中方接待人员出于热情，为每位客人布了一只大虾，但两位女士都表示不需要。餐后，看到桌子上剩了许多的佳肴，一付账，钱花了不少，但是也浪费了很多。事后，小王征求了外宾的意见，一位先生直接告诉他："自己选择的就是最好的。"想想这次经历，小王深刻认识到开展国际交往，必须要学习国际礼仪，遵守国际交往的礼仪规范，才能够收到事半功倍的效果。

思考：

（1）如果你是"小王"，在接待外宾时，会怎么安排？

（2）国际礼仪的特点有哪些？

2. 有一位先生为一位外国朋友定做生日蛋糕。他来到一家饭店的餐厅，对服务员说："您好，我要为我的一位外国朋友定做一份生日蛋糕，同时订份贺卡，可以吗？"服务员接过订单一看，忙说："对不起，请问您的朋友是小姐还是太太？"这位先生也不清楚这位外国朋友结婚没有，他想了想，说："一大把岁数了，太太。"生日蛋糕做好后，服务员按地址到饭店客房送生日蛋糕，敲开门后，服务员有礼貌地说："请问，您是怀特太太吗？"开门的女子愣了愣，不高兴地说："错了！"服务员丈二和尚摸不着头脑，抬头看看门牌号，并打电话问那位先生，没错，房间号码没错。于是她再次敲开了门："没错，怀特太太，这是您的蛋糕。"那女子大声说："告诉你错了，这里只有怀特小姐，没有怀特太太。""啪"的一声，门被大力关上，蛋糕掉在了地上。

这个故事中所发生的不愉快，就是因为错误的称呼所造成的。在西方，特别是女士，很重视正确的称呼，如果搞错了，会引起对方的不快，往往好事就变成了坏事。

思考： 如果你是服务员，会如何处理这件事情呢？

称呼礼仪

学习总结

本项目学习了餐饮服务礼仪知识。

建议学习总结应包含以下主要因素：

1. 你在本项目中学到什么？

2. 你在团队共同学习的过程中，曾扮演过什么角色，对组长分配的任务你完成得怎么样？

3. 对自己的学习结果满意吗？如果不满意，那你还需要从哪几个方面努力？对接下来学习有何打算？

4. 学习过程中经验的记录与交流（组内）。

5. 你觉得这个课程哪里最有趣，哪里最无聊？

餐饮服务礼仪

项目四 客房服务礼仪

项目导入

客房是饭店的重要组成部分，客房收入是饭店经济收入的主要来源之一。客房服务主要围绕宾客住宿活动展开，以宾客来店、住店、离店等活动规律为主线，以满足宾客要求、提高服务质量、使宾客满意而归为目的。来店、住店、离店的服务礼仪贯穿客房服务流程的始终，为宾客提供礼貌服务的过程同时也是客房实现优质服务的过程。

知识目标

1. 明确客房服务流程中的礼仪知识。
2. 掌握客房接待服务礼仪知识。

能力目标

1. 根据客房服务礼仪的规范要求，培养符合岗位要求的员工。
2. 通过客房服务人员的接待服务礼仪知识在服务中应用的实训操练，培养相关专业技能。

思政目标

结合客房服务礼仪教学内容，依照行业道德规范或标准，分析从业人员服务行为的标准与规范程度，强化职业道德素质。

任务一　客房服务流程中的礼仪

> 有一种内在的礼貌，它是同爱联系在一起的：它会在行为的外表上产生出最令人愉快的礼貌。
>
> ——歌德

案例导入

夏日炎炎，常有客人买西瓜回房间享用，瓜皮瓜汁极易沾染、弄脏地毯和棉制品，形成难以清除的污渍。于是，客房服务员对客人说道："先生，对不起，您不能在房间内吃西瓜，会弄脏地毯的。请您去餐厅吧！"客人很不高兴地答道："你怎么知道我会弄脏地毯，我就喜欢在房间吃。"服务员再次向客人解释："实在对不起，您不能在房间里吃西瓜。"客人生气地说："不用你教训，饭店多的是，我马上就退房。"说罢愤然离去。

案例分析：

讲究语言技巧、注意使用礼貌用语是做好客房接待服务工作的关键之一，但语言仅仅是表达思想感情的工具，要想做好服务工作，还要以客人利益为中心来考虑问题和提出解决问题的方案。在相同的场景下，可以进行如下处理：

服务员："先生，您好，在房间里吃西瓜容易弄脏您的居住环境，我们联系餐厅为您切好，您在餐桌旁吃，好吗？"

客人答道："餐厅太麻烦了。我不会弄脏房间的。"

服务员又建议道："要么我们把西瓜切好，送到您房间来，省得您自己动手，好吗？"

客人点点头，说道："那就谢谢了。"

问题探究

客房部的工作直接影响饭店的整体形象，其服务水平成为客人评价饭店服务质量的主要依据之一，所以，要十分重视客房服务人员的服务礼仪。

一、迎客服务礼仪

仪容规范

客人入住前的准备工作是服务过程的第一个环节,它直接关系后面的几个环节和整个接待服务的质量,准备工作要做得充分、周密,并在客人进店之前完成。

(一)了解客人情况

客房服务人员提前进入工作状态,讲究仪容仪表的修饰,按照规定着装,佩戴好工作号牌,做到整洁自然、端庄大方。

客人到达前,要根据总服务台送来的住宿通知单了解客人的姓名、房号、生活习惯、禁忌、爱好、宗教信仰等情况,以便在接待服务中有针对性地提供服务。

(二)做好必备的前期工作

客人要入住的房间,要在客人到达前1小时整理好,保持清洁、整齐、卫生、安全。设备要齐全完好,生活用品要充足,符合客房等级规格和定额标准。

房间整理完后,管理人员要全面检查房间的设备和用品,特别是对VIP客人的房间要逐项检查。客人到达前,客房服务人员要根据气候和不同地区的实际需要,调节好房间的空气和温度,保持空气新鲜,如图4-1所示。

客人入住前,客房服务人员要根据入住通知单,提前准备好香巾、茶水,以便客人入住后及时服务。

图4-1 温馨的客房

(三)客人到店迎接服务礼仪

客人到店的迎接工作是客房工作的开始,它以客人到达楼层为标志,以主动、热情欢迎客人为重点,应做到态度热情、语言亲切、举止大方、礼貌周到、服务主动,给客人以宾至如归的感觉。

1. 迎候客人

客人来到电梯，楼层服务人员在电梯口迎接，主动向客人问好。打招呼后要引导客人进入电梯，主动接下客人的行李。对客人随身携带的手提包或小件物品，在征得客人同意后再帮助提取。贵重行李要做到轻拿轻放，不倒置。

2. 引领入房

服务人员引领客人到达房间门口时先开门，礼让客人进房。服务人员进入房间后应放好客人的行李及物品。

3. 端茶倒水

客人坐下后，服务人员根据入住人数送来香巾和茶水，做到"三到"（人到、茶到、香巾到），让客人产生亲切感。

4. 介绍设施

服务人员简单介绍客房的主要设备，饭店服务项目、服务时间，客房内各电器的使用方法，各餐厅主要特色、所在楼层和开餐时间等。

5. 介绍须知

服务人员向客人介绍住店须知和饭店情况。介绍时要简洁明了，时间不能拖得太长。如果接待团体客人，应集中人力、具体分工、分别迎接。

6. 退出房间

服务项目和须知介绍完后，服务人员应该询问客人："还有什么我能为您服务的吗？"然后告别，祝客人住宿愉快，退出房间并轻轻将门关上。

二、住宿服务礼仪

（一）敲门服务礼仪

轻按门铃或敲门，可以敲3次，每次3下。第一次敲门报："客房服务员，我可以进房清扫吗？"若无回应，间隔5秒钟，再敲第二次；若无人应答，应缓缓地把门打开约10厘米；再敲第三次，表明自己的身份后，方可进入房间。如果客人在房内，要等客人同意方可进入，向客人问候，询问是否可以打扫房间。

（二）洗衣服务礼仪

客人在住店期间需要洗烫衣物，一般由客房服务员负责取送。客房服务员应每日10：00前检查所有续住房是否有洗衣服务。客人要求提供洗衣服务时，应请客人在洗衣登记单上填好房号、姓名、所需洗涤衣物的件数及日期，并标记是普通洗涤还是快洗服务，干洗还是湿洗。

客房服务员要对收到的衣服进行数量清点，检查是否与洗衣单相符；检查裤口袋、衣服口袋是否有遗留物品；检查衣服是否有明显破损。如果发现问题应及时向客人提出，经客人认可后才能送洗。根据实际情况填写登记单（房号、姓名、件数、收洗衣经手人等），然后交洗衣房人员核对衣服件数，再次检查衣服有无破损、褪色、掉扣等。如客人外出，应由楼层领班判断是否可以送洗。经领班判断不能送洗的，由洗衣房出具一张情况说明表向客人说明情况。客房服务员应第一时间将情况说明表和衣服放回房间。

从洗衣房取回洗完的衣服，客房服务员应核对衣服件数、质量等。双方应登记姓名、时间在签收单上。客房服务员收到衣服后应第一时间给客人送房间，把衣服挂到衣柜里。装衣服的洗衣袋或洗衣篮（图4-2）在放入房间前应该将房号贴条拆除，放于行李架或明显处，不可以放在衣柜内。

图 4-2　洗衣篮与洗衣袋

（三）清扫服务礼仪

（1）准备礼仪。客房服务员上岗前，应精神饱满、衣着整洁、化好淡妆。上班前应该注意自身的清洁和保持口气清新。

（2）进客房要做到"一看、二敲、三开、四进"，按照敲门服务礼仪进入客房。

（3）客人允许打扫或整理，则按照客房清扫顺序和规范进行。清扫时要注意"从上到下、从里到外、环形清理、先铺后抹、干湿分离"的原则。清扫时，不打扰客人谈话、不打听隐私，对客人物品做到不用、不移、不丢、不接（电话）。

（4）如果打扫卫生时客人中途回房，首先要征求客人的意见，客人允许才能继续打扫。

（5）打扫完成，如客人不在，应关好电源锁上门；如客人在，可主动询问客人有没有其他事情，鞠躬告别。

三、离店服务礼仪

客人离店服务的礼仪，是客房服务礼仪的结尾和延伸。客人离店时的服务工作，既是客人对客房服务的最后印象，又是酒店争取回头客的重要时刻。

（一）客人退房前的准备工作

要了解客人离店的日期、时间及车次、班次、航次，所有委托代办的项目是否已办妥，账款是否已结清，有无错漏。对于需要行李服务的客人，特别是团体客人，要通知行李员帮助客人运送行李。

（二）送别工作

客人离开楼层时，要热情送到电梯口，有礼貌地说"再见""欢迎您再来"。服务人员帮助客人提行李，并送至前厅。对老弱病残客人，要有专人护送下楼，并搀扶上汽车。

（三）客人离店后的检查工作

客人离店后，服务人员要迅速检查房间，包括枕头下、床头柜、抽屉衣柜、卫生间、阳台等，如图4-3所示。检查的目的是看客人有无遗忘或遗弃的物品，房间设备有无损坏，客房用品有无丢失。如果发现客人遗忘物品，应尽可能归还原主，若客人已走，则应将房号、时间、遗忘物品名称等进行登记，及时报告。如果发现客房物品缺少或设施有损坏，应立即打电话与总服务台联系，一般不直接与客人交涉。

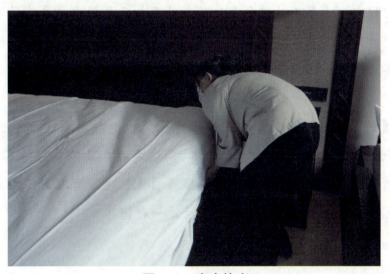

图4-3　离店检查

任务二　客房接待服务礼仪

> 没有良好的礼仪，其余的一切成就都会被人看成骄傲、自负、无用和愚蠢。
>
> ——约翰·洛克

案例导入

520客房陈先生匆匆走到服务台前，将房卡放到服务台上对服务员说："小姐，这是房间钥匙，我要结账。"不料当班服务员小王却说："先生，请您稍等，等我们查完房你才能走。"同时打电话给同事小李。张先生很尴尬，但是又不好说出来。这时，另一位服务员小李从工作间出来，走到陈先生跟前，将他上下打量一番，又扫视一下那只旅行包，陈先生觉得受到了侮辱，气得脸色都变了，大声道"你们太小看人了。"

在检查客房过程中，小李不放过每个细节，甚至打开电视看屏幕有没有出现问题。之后小李回到服务台前告诉陈先生："你现在可以走了。"陈先生很恼火，想要投诉可是火车马上就要开了只好作罢，带着一肚子怨气离开这家饭店。

案例分析：

客房部服务员的服务是错误的。小王在张先生提出退房要求时，不应说张先生不能离开。服务员在任何情况下都不应对客人说"不"，这是酒店服务员对待客人一项基本准则。客人有权利随时离开酒店，这是正常的行为。服务员无权也没有理由阻拦客人离去。对客人投以不信任的目光，这是对客人的不礼貌，甚至是一种侮辱。

问题探究

客房是饭店的一个重要组成部分，它为客人提供24小时服务，客房也是客人临时的家，是客人在饭店中逗留时间最长的地方，客房的清洁卫生程度、安全状况、设备与物品的配置，服务项目是否周全，服务人员的服务态度和服务水准如何等，都是客人关心的地方并直接影响客人对饭店的印象。

一、客房接待人员的工作任务

客房部作为饭店营运中的一个重要部门,其主要工作是为客人提供一个安全舒适、安静优雅的住宿环境,并针对客人的习惯和特点做好细致、便捷、周到、热忱的服务。根据其特殊的工作环境与工作方式,客房部的工作任务一般有以下几点。

(1)欢迎客人入住,并向客人介绍饭店情况。

(2)客人入住期间,为客人提供日常服务,对房间进行打扫和清洁。

(3)其他日常服务,如送餐、洗衣等。

(4)保持与总服务台的联系,及时向总服务台汇报客房详情并及时核对客房情况。

二、客房接待服务礼仪

(一)进出客房的礼仪

1. 敲门

进房前一定要先敲门,正确的敲门方法是:用食指关节,力度适中,缓慢而有节奏地敲。每次一般为三下,敲三次。如果按门铃,应在三下之间稍稍停顿,不可按住不放。当听到客人的肯定回答或确信房间里无人时方可进入,如图4-4所示。

图4-4 敲门礼仪

2. 进门

敲门时,门已开或者客人来开门,要有礼貌地向客人问好,并征得客人允许,方可进入。

敲门时,房间内无人答应,服务员进门以后发现客人衣服穿戴整齐,要立即向客人问好,并征询客人意见,是否可以开始工作,提供服务;若客人衣冠不整应马上道歉,退出房间,把门关好。若房间门上挂着"请勿打扰"牌,不应打扰。若"请勿打扰"挂牌超过14时,由客房服务员通知客房部主管或大堂副理,打电话询问客人并确定整理房间时间。若房间内无人接电话，则由客房部主管、大堂副理、保安人员一起开门入房。若有异常现象，则由大堂副理负责协调处理。若客人忘记取下"请勿打扰"牌，则客房服务员可以安排房间清理，并留言告诉客人。

3. 离开

离开客房时要说声："对不起，打扰了，谢谢！"然后有礼貌地后退一步，再转身走出房间，将门轻轻关上。

（二）客房整理的礼仪

客房的整理一般一天至少三次——上午、中午、晚上各一次，同时应尽量避免客人在房间时进行整理。

上午一般在客人用餐或外出时按"住房清扫程序"进行全面整理：拉开窗帘，清扫房间，整理或拆换卧具（图4-5~图4-7），补充茶叶、文具、卫生纸等各种生活用品。在换床上卧具时，要注意客人的钱包、手表、手机等物品，防止整理时摔坏或裹走。收桌面时，画册、文件、书报、化妆品或较贵重的物品，只稍做整理即可，不要弄乱，也不要翻动。桌上的纸条、旧报纸、花束等没有客人的吩咐，切勿随便掉。

中午在客人用餐时或午间休息起床后，进行一次小整理：倒垃圾、换烟缸、整理床上卧具等。

晚上利用客人用餐时间到房间做一次小整理：帮客人拉好窗帘，被子上半部撩开45°角，把拖鞋摆放在沙发的右侧，打开床头灯。

1. 客人在房间时

服务人员应礼貌地询问客人此时是否可以整理房间。在清理过程中，房门应完全敞开，动作要轻，要迅速，不要东张西望，不要与客人长谈，不得向客人打听私事。如果客人挡道，要礼貌地打招呼，请求协助。如果客人问话，应礼貌地注视客人并回答，遇到来访客人，应主动询问客人是否可以继续清理。清理完毕，主动询问客人是否需要其他服务，然后退出房间，并轻声关上房门。

2. 客人回来时

客人回来时，要有礼貌地请客人出示房卡，确定这是该客人的房间，并询问客人是否需要稍后整理房间，如可以继续清理，并尽快清理完，以便客人休息。

3. 客人外出时

在整个服务过程中，必须把门完全敞开，不得擅自翻阅客人的文件、移动客人物品，打扫后物品放回原处，切勿移位或摔坏。不得在客房内看电视、听音乐、翻报刊或使用电话，更不能接听客人的电话。

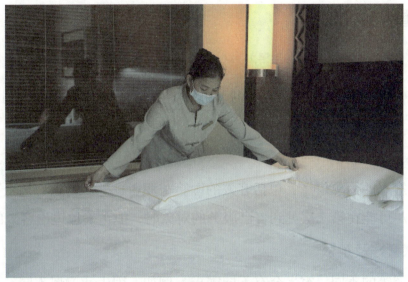
图 4-5　客房整理（一）

图 4-6　客房整理（二）

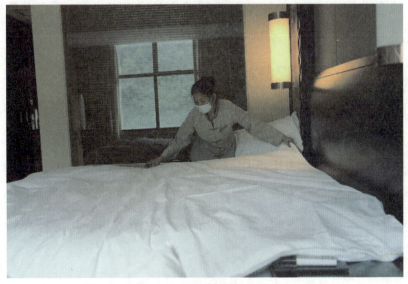
图 4-7　客房整理（三）

三、注重服务礼仪

（一）客人入住后的针对性服务礼仪

为了使客人住得舒服愉快，有宾至如归之感，客房的服务工作必须做到主动、热情、周到、细致。

1. 熟悉客人身份情况

要熟悉入住客人的简单信息，包括客人的国籍与职业、外貌特点、与众不同的习惯或动作等。服务人员尽可能在第二次见到自己服务的对象时，能正确地道出客人的姓氏和职业。

2. 观察客人喜好及禁忌

因信仰、习俗等的不同，客人会有不同需求。例如，因生活习惯不同，有的客人喜欢用冰块，有的客人爱喝红茶或绿茶，有的客人只喝咖啡等。服务员在服务的过程中只有细心观察，才能提前做好准备，有针对性地提供服务。

3. 注意客人身体变化

客人入住期间，人地生疏，有时会水土不服，加上每天外出游览参观或商务活动等，十分辛苦。因此，服务人员要注意客人身体变化，对年老体弱的客人尤其要加倍关心，对身体有病的客人要热情照顾。这样不仅可以有针对性地提供优质服务，而且可以获得客人的长期好感，使客人感觉自己受到了尊重。

4. 掌握客人特殊要求

住店客人的习惯各不相同，有的早出晚归，有的晚出晚归。除了需要日常生活服务外，还有一些特殊要求，如客人生日、朋友聚会、结婚纪念日、节假日聚会。客房服务人员要了解这些特殊需求，同时应注意适时、恰当地推销饭店的其他设施。例如，客人利用客房举行小型洽谈会，服务员可以向客人推荐饭店的会议室，客人的生日聚会可以到大堂酒吧进行。

（二）客人入住后的循环性服务礼仪

客人住店期间的工作是琐碎、细致的，具有涉及面广、持续时间长的特点，大量服务工作是循环往复进行的，客房服务人员每天都要坚持重复做好下列工作。

（1）循环打扫房间，补充客人生活用品；打扫卫生间，撤换浴巾、面巾、垫脚巾，补充香皂、卫生纸和洗漱用品等。

（2）到客房收集客人要洗的衣服，检查洗衣袋、点清数目、填好账单，并将洗好的衣服送回客房，请客人查收。

（3）按计划打扫楼层环境卫生，保持高处门窗玻璃、灯管、墙角等隐蔽处的卫生。

（4）分发报纸、信件和邮件，清理各种单据，及时将账单送到收款处，补充楼层服务用品和商品，满足客人要求。

（5）楼层服务人员要注意客房动态，根据客人需求或特殊需要，提供迎接服务和送机服务。

（6）晚上整理房间。按照我国大部分地区的情况，一般冬季晚18时以后，夏季晚19时后到客房整理；更换冷热水，清洁纸篓，拉好窗帘，调节好房间温度和空气，打开床头灯，摆放拖鞋。

（三）客人入住后的日常性服务礼仪

客人入住以后，服务人员除了为客人提供循环性服务，还要为客人提供日常性的服务。

（1）进房服务前，要做好各项准备工作，包括客房当天换的棉织品，各种生活用品、清扫工具等。

（2）日常服务过程中要坚持"不叫不扰，随叫随到，仔细稳妥，热情周到"的原则。清扫房间尽可能在客人外出吃饭或办事时进行；对久留在客房或不外出的客人，应在征得其同意后清扫。

（3）客人发传真或邮寄物品，服务人员应主动告诉客人办理地点和服务时间。如果有客人的信件、邮件、传真等，应及时、当面交给客人，并做好签收工作。客人委托代订、代购和代修事项要详细登记并确认，然后及时安排。

（4）日常服务过程中。服务人员要避免与客人发生口角。如果遇到个别客人言行失礼，应保持冷静，有礼有节，不卑不亢，不可采用简单粗暴的方式，必要时请有关部门处理。

（四）其他服务礼仪

1. 失物招领服务礼仪

客房服务员在打扫客人房间时，捡到客人遗留的东西应立即上交，并将捡到物品的时间、地点、名称、房间号等做详细记录，报告给值班经理。值班经理应立即贴出告示，请失主前来认领。若客人已经离开饭店，则应交给总服务台处理。

凡拾获的遗留物品均应交保安部保管，由保安部移交给客人，移交手续要完备。按国际惯例，客人遗留物品的保存期为一年。

【特别提示】房卡管理也是饭店工作中一项非常重要的任务，房卡丢失不但会损害饭店的利益，更重要的是会直接危及客人的人身和财产安全。因此，服务人员必须从思想上高度重视，严格按照饭店规定的制度保管好房卡，防止丢失。

若房卡不小心丢失，应立即汇报给领班、主管及值班经理，并采取有力的保安措施，保证饭店及客人的人身及财产安全，同时保证客房服务的正常进行。切不可隐瞒事故，幻想凭借个人的力量找回房卡。同时，迅速寻找房卡，努力将危害降到最低。若确定房卡已丢失，应按规定程序报批，并立即换锁。

2. 送茶水服务礼仪

平时，应根据客人的爱好和生活习惯为客人送去不同的饮料。西方人一般喜欢喝冰水，而中国人则喜欢喝茶。送茶水时，要先按门铃或敲门，得到客人允许后方可进入，并对客人说"您好，打扰您一下"。摆茶水时先放杯垫，然后将水杯放在杯垫上，并对客人说："请喝茶。"若客人无其他需要，便可自行离去，并告诉客人有事可以随时召唤。

3. 擦鞋服务礼仪

擦鞋服务是星级饭店服务中很重要的一部分，是一种收效很好的感情投资。这项服务倾注着员工对客人的尊重、对客人利益的关心和对本职工作的热爱与自豪，常常会给客人以出乎意料的感动。它的操作程序看起来简单，但有时技术难度还是很大的。

服务人员对各种皮鞋及鞋油一定要非常熟悉，根据客人皮鞋的特点，选择适宜的鞋油和不同的擦法，对高档皮鞋更应注意鞋油与擦拭方法的选择（图4-8、图4-9）。如果服务人员没有把握，就不要贸然操作，并应向客人道歉，说明不能提供服务的理由，或是向专人请教后再为客人擦鞋。

为客人提供擦鞋服务时，应使用鞋篮，并注意做好标记，防止出错。擦鞋时，如因不慎或不了解皮鞋质地特点擦坏了客人的皮鞋，应赔偿客人的损失，原则上是擦鞋费的十倍。一旦出现差错，应首先向客人道歉，因为这不但耽误了客人的穿用，也给客人造成了经济损失。

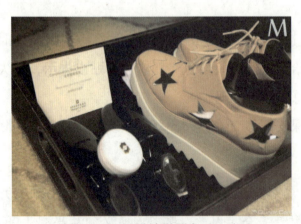

图4-8 提供擦鞋服务（一）

图4-9 提供擦鞋服务（二）

思考与练习

一、练习题

1. 客房服务员在为客人整理房间时，有电话打进来，要不要接？
2. "客房服务员引领客人前往客房时，应时刻与客人保持一定的距离"，这种说法对吗？
3. 简述客房服务礼仪中礼貌用语的要求。
4. 模拟客人进客房、离客房的礼仪服务。
5. 饭店准备接待一位重要的残障客人，你认为在为残障客人安排房间时应考虑哪些因素？

二、思考题

1. 一天上午10时，服务人员小冯将工作车推至8103客房门，并敲开了门："先生，请问现在可以整理房间吗？"小冯询问前来开门的郭先生，郭先生指着房门内的客人说："我现在来了客人，待会儿再打扫吧。""好的。"小冯推着工作车到其他房间去了。到11:30左右，8103房的郭先生陪同其客人离开客房，并对在8103房对面房间打扫卫生的小冯说："服务员，帮我打扫一下房间。"小冯正在忙着，顺口回答道："没有时间。"郭先生对此很不满意，嘟囔道："什么态度！"他当即向大堂副理投诉，并提出退房。

    小冯错在哪里？如果是你，应该如何处理？

2. 某三星级饭店行李房在上午10时收到了邮局送来的报纸、信和包裹。行李员小杨签收后立刻开始分发，并发现有516客房张先生一个包，但张先生此时可能已经退房了。因为他昨天订的今天上午10:30发车的火车票正是小杨送去的，而此时已经是10:15了。小杨当即询问了总服务台，得知张先生已在上午9时退房离开了酒店，他只好将此事报告上级。

    如果你是小杨，你会怎样处理这个包裹？

学习总结

本项目学习了客房服务礼仪知识。

建议学习总结应包含以下主要因素：

1. 你在本项目中学到什么？

2. 你在团队共同学习的过程中，曾扮演过什么角色？对组长分配的任务你完成得怎么样？

3. 对自己的学习结果满意吗？如果不满意，那你还需要从哪几个方面努力？对接下来学习有何打算？

4. 学习过程中经验的记录与交流（组内）。

5. 你觉得这个课程哪里最有趣，哪里最无聊？

客房服务礼仪